剣之術《つるぎのじゅつ》

火と水の結び

Masato Matsuura

松浦眞人

春秋社

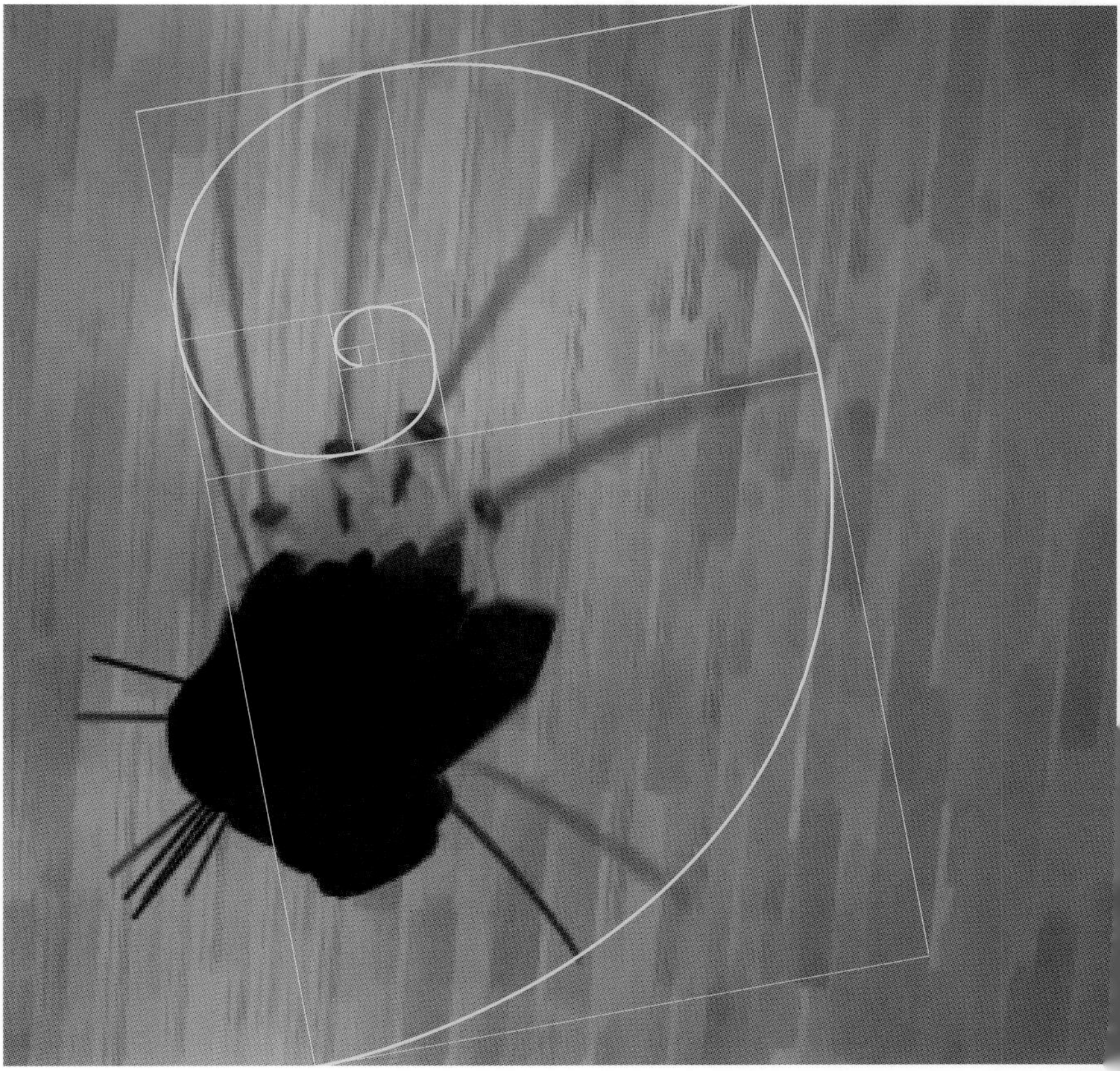

「猿廻」（真上からの撮影）

「黄金螺旋」に廻る太刀が美しく快い円を描く

はじめに

今日、日本の武道は世界の国々で学ばれています。柔道、剣道、合気道、空手道などと種類も数多で、学習者も軍隊や警察といった格闘の専門家はもとより、子供から学生や社会人一般の方々まで裾野を広くしています。私の住むフランスでも柔道や合気道を学ぶ人口は日本より多いといいますし、老若男女さまざまな分野のいろいろな層の人たちが取り組んでいます。こんなにも広く愛好される日本の〝武〟とは一体何なのでしょうか。

三種の神器の一つである草薙剣《くさなぎのつるぎ》に象徴される武、なかでも剣は、原初から神事に繋がり、後に武家が政権をとるに及んで、禅とも結びつきながら文武両道を旨とした侍たちの魂と見做され、それを扱う剣術は武士の表芸、支柱となるに至りました。自然とそこには思想性も多分にあります。日本人にとって、文によるいわば「静の思想」のみでなく、武による「動の思想」ともいえる「剣」を持つことは、その文化を豊かにする幸せなことであり、その思想性こそが日本武道を単なる身体表現、教育を超えた魅力あるものにしているように思えます。

私は、心身は一つであり、日本人の哲学というものは言葉のみに依るものでなく、身体を通した行《ぎょう》による体感を伴ってこそ完結するものと考え、能楽などの芸能や剣術などの武道の研鑽を重ねてきました。その途上、欧州に居を移し、さまざまな国で指導をする機会を得ることになるのですが、文と武とを同じく尊び、古伝の思想のみならず実際の技術の体系を大切に伝える国柄というものは、他に見ることはありませんでした（とはいえ、ヨーロッパには古代ギリシャ以来の思想哲学や絵画・彫刻・音楽・舞踊などの芸術、すなわち文の遺産は豊富に残されていますが）。

ある時、フランス人の生徒に日本剣術の原理を教えていたところ、「あなたの話されることは西洋の錬金術と同じですね」と言われたことがありました。当時「錬金術」など全く門外漢の私には何のことやらさっぱりわからず、「へえ、そうなのか」というくらいに軽く受けとったものの、なにか不思議と心に触れるものがあり、解くべき謎かけのように心に残ることになりました。

また、あるときオーストリアはザルツブルクにあるヘルブルン宮殿という十七世紀に造られた城館を訪れた際、その広間にラテン語で書かれた「錬金術由来」という言葉に出会ったのです。

聖なるものは、相反する二つを融合させる。

この言葉に触れて私は、なるほどこれはまさに「和」のあり方であり、剣の思想そのものではないか、とにわかに腑に落ちたのです。そう、一つのものを二つにする刃を、逆に二つを一つに結ぶことに使う、それこそが日本剣術なのです。

そして、さらに調べていくうちに、この二つは単にたまたま似ているだけのものでなく、実は元を一にするのではないか、と思い至るようになりました。錬金術というと、一般には卑金属から黄金を生むという中世以前の疑似科学であると見られることが多いのですが、それは一面にすぎず、古代の科学であり思想であり、人間の魂や肉体を完全なものにしようという叡智の体系でもあったようです。

日本刀という道具を使って魂と肉体を研ぎ澄まし、この両者を結ぶことは剣術の本質にほかなりません。

畢竟、剣術とは、錬金術、あるいは神秘思想やヘルメス主義などと称される古代エジプト、ギリシャ以来の隠された叡智の流れの変容と結実の一つと思うようになりました。そして、その流れは一方向とは限りません。ごく自然なかたちで相互に影響を与え合うことが認められるのです。

本書では、第一部「神話・歴史編」として、このような東西の文明の交流を想定しながら、古事記の神話や、剣術を大成していった剣客たちの伝説を取り上げつつ、剣という体系にさりげなく隠されるように込められた秘教の断片を語っていきます。さらに、筆者自身、欧州に住むことで触れてきた神秘思想や数多の伝説から剣術に共通する要素をいくつか取り上げています。

これまでも、剣と繋がりの深い禅などの仏教はもちろん、神道・道教・陰陽五行思想との関わりは多く語られてきましたが、西洋の文化とのそれはあまり指摘されていないように思います。

したがって、こうした視点は、武の文化の隠された側面を自然と露わにし、歴史や伝統に別の角度から光を照らすことになることでしょう。シルクロードの終点といえる日本の芸術、文化を遡り、起点より見つめ直す旅のように…。

そして、第二部では、私の歩んできた道を所々で踏まえながら、剣術稽古の実際を語っていきます。

とりわけ、日本剣術を大成した戦国時代末期から江戸時代初期の剣聖の中から、宮本武蔵と上泉《かみいずみ》伊勢守《いせのかみ》信綱《のぶつな》の剣技と、それを支える極意について考察します。

宮本武蔵はおそらく最も有名な日本の剣客でしょう。もとより、その著書『五輪書』は、国内のみならず数々の言語に訳され、世界の国々で読まれていますし、絵筆も取った剣客の遺した書画は国の重要文化財に指定されているほどに高く評価され、広く知られています。とはいえ、肝心の剣技においてはどうでしょうか。武蔵といえば二刀流で知られますが、日本剣術では異端とも見られる二刀をいかにして武蔵のみが扱い得たのか、全く謎に包まれています。今日でも、武蔵が興した「二天一流《にてんいちりゅう》」は数々に分派しながら伝えられていますが、その形《かた》は極度に簡素に記号化されたものといえ、現実の剣技との乖離は当然あるものと思われます。

伊勢守の「新陰流《しんかげりゅう》」も然り。江戸幕府を開いた徳川家の剣術指南役となった柳生家によって将軍家の剣となり、平和な時代を築くことに貢献した新陰流ですが、その間に後継者である剣客たちが時代に合わせる工夫を凝らしていったため、変質に変質を重ねているように見受けられます。

もちろん、そのことには是も非もありません。ただ、常に原点に目を向けることも必要なのではないでしょうか。

そもそも古流の剣術というものは記号化された形によって伝えられるもので、修行者はそれをひたすら繰り返すことで稽古を行ないます。私はまず一刀流系の道場に入門して形稽古《かたげいこ》に励んだのですが、ある段階に至ったときに、自然と疑問を持つようになりました。果たして今日に伝わる形は、何百年も前の流祖の動きをそのままにうつすものなのだろうか、と。

記号化された形なのですから、戦国時代や江戸初期につくられた当時においても、秘匿されていた奥義は簡単に盗まれないように裏に隠されていたかも知れません。命のやり取りに用いる技ですから、秘伝にして隠すことは当然あり得ることです。

また、世代を経るうちに各時代の修行者が工夫を重ねるのですから、変化変遷は避け難いことでしょう。なおさら実戦で斬り合うことなど現代ではあり得ないのですから、今日の形稽古から原初の剣客の動きを導き出すことは容易ではないように思えます。

形に命を吹き込むのは、修行者の役目になります。私はそのためには何より流儀を興した古《いにしえ》の剣客がいかに立ち、いかに歩き、いかに剣を使ったかを希求しながらの稽古（いにしえをかんがえる）が肝要であると考え、修練を重ねてきました。

形をつくった古の剣聖たちは、そこに込められた秘密や思想を未来に解かれることを待ち望んでおり、いつの時代の修行者もそれを求めることが要諦であり、喜びでもあると考えます。

その過程においては、ここに述べたさまざまな秘伝的な情報と方法論《メソッド》によって、身体とその動きの質をつくり変えていく必要があります。それは意識を使って心と身体を結ぶ術にほかなりません。このような、言ってみれば剣をとった「結《むす》びの技《わざ》」に実際に触れていただくことは、何かの修行やスポーツやダンスなどの身体表現、音楽や絵画などの芸術に取り組まれている方にはもちろん、身体をもって生活されているすべての方、その身体を知ることで人生の質を高めたいと思われる方には有益な情報になると信じています。古の技を成り立たせる原理に驚きをもって触れていただけたら幸いです。

　小宇宙である我々の身体を通して時空を超えた思索の旅をご一緒できれば、これに勝る喜びはありません。それは日本という国の文化に育まれた自分というものをより深く知る道となるはずです。

目次

第一部　神話・歴史編　剣の思想、武の文化

第二部　稽古・実践編　身体技法と空間の修め方

Masato Matsuura

「結びの技」への道

剣之術《つるぎのじゅつ》

火と水の結び

第一部　神話・歴史編

剣の思想、武の文化

1 古代の叡智と想像力

天の沼矛　創造のシンボルとしての剣

『古事記』の国産み神話の中で、天地の開闢《かいびやく》の後にイザナギ、イザナミの二神は、天つ神たちより、この名「天《あま》の沼矛《ぬぼこ》」を持つ神器を賜ります。二神は天の浮橋という天地を通す橋に立ち、この矛《ほこ》を未だ混沌とただよう大地にさし下ろし、かき廻し、かき鳴らして引き上げられたとき、その矛の先から滴り落ちる塩水が積もり重なって「オノゴロ島」という日本列島のプロトタイプとなる島が生まれます。

国産みの神は矛、つまりは長い柄の剣をもって列島を創りあげたのです。

この話に見るまでもなく、私は、「剣《つるぎ》」とは創造のシンボルであると考えています。そもそも「衣食住」という人類の生活文化の土台は、いずれも刃物をもって為されます。

「剣」とは、文化の創造という人間の根源的営みに使われる大元の道具を象徴しているのです。

さらに、石上神宮に伝わる七支刀《しちしとう》や、三種の神器の一つである草薙剣のように、古代より刀剣は、祈りの神事に使われてきました。

また、日本最古の兵法書で大江匡房《おおえのまさふさ》によって書かれたとされる『闘戦経《とうせんきよう》』（平安期）は、「我が武は天地のはじめにあり、而して一気に天地を分つ。雛の卵を割るがごとし。故に我が道は万物の根源」と始まります。この思想によると、日本人にとって武は秩序を生み、生産をもたらす大元にほかならないのです。

匡房の大江家は朝廷に仕え漢籍を司る家柄であり、古代中国春秋時代の兵法書『孫子』も蔵していましたが、門外不出としていたそうです。というのも、「兵は詭道なり」、つまりは「戦いとは相手を欺くことである」との発想を元とするこの外来の思想は、和の国日本には馴染まず、これを表に出せば国が乱れる元凶となると考えていたようです。ところが、伝説によれば、大江匡房は、武士の祖、八幡太郎源義家の師となり、源氏に『孫子』を伝えることとなり、その偏りを補うために和の戦略を説く『闘戦経』を遺すことになったということです。

そこでは、「兵は不詳の器。君子の器にあらず」（『老子』三十一章）に見られるように、武を文より蔑む大陸の文化に対して、先にあげた第一章に続く第二章では「これを一となし、彼を二となせば、何を以て輪と翼を諭らん。（中略）天祖まづぬぼこを持ってオノゴロ島を造る」と、文と武が車の両輪ないし翼の両翼の如く、同時にあってこそ創造をなすと説いています。

そして、匡房の憂慮の通り、『孫子』の兵法を得た武家の台頭と共に戦乱が頻発し、やがて戦国時代となりました。その間、刀剣を扱う技術は戦闘の手段として大きく発達することになります。しかし、戦乱の終結を願う民衆や天下統一を目指す戦国大名の動向と共に、剣術は、上泉伊勢守の「活人剣《かつじんけん》」という真逆の発想を生み出しました。上州の戦国大名であった伊勢守の、「人を殺す剣」（殺人刀《せつにんとう》）から「人を活かす剣」（活人剣）へという思想は、天下統一を成し遂げ、平和を揺るぎないものにしようとした徳川家康に取り入れられ、伊勢守が創設した「新陰流」は将軍家の剣術としてこの思想を広めていきます。

　かねてより神々の創造の器であった剣は、人間による生産への祈りに用いられ、後に戦いの道具としてそれを扱う技を発展させたものの、ついにはその豊かさをそのまま人を活かす術の器へと回帰することになったのです。私は、このサイクルに人智を超えた大きな流れを感じざるを得ません。

　「剣」（けん／つるぎ）は、我々が道を切り開くための、古代からの叡智で鍛えられた見えない器とも考えられます。古伝の形を通じて、それと対話するということは、大自然の宇宙に居る人という存在、その中で必然の創造するという行為、そして、それを手にいかに今この時を生きるかを問うことに他ならないとも。

ソルヴェ・エト・コアギュラ　溶解から凝固へ

ソルヴェ・エト・コアギュラ（Solve et Coagula／溶解せよ、そして凝固せよ）——このラテン語の言葉は西洋錬金術における最も古い公理の一つであり、その意味するところは、相反する力の融和です。太陽や火に比される溶解する力と、月や水の凝固させる力とを融合させることで金属を生むわけです。火によって錬られ、水によって一気に鍛えられる日本刀などは、まさしく融和の力の結晶ではないでしょうか。

これはまた、固体である肉体が熱を帯び気化することで精神となり、霊魂が凝固して身体となるその心身の融和をも象徴しています。それは日本剣術の求めるところでもあります。心と身体、そしてその働きを柔らかにしていくことで、自然にその調和が生まれてきます。両者が固いままでは結びつくことは叶わず、結びがあってこそ強固なものとなるわけです。

また、剣術で行なわれる全ての技は、重力により地に引かれる力と、その反作用で天に向かう力や相手に押される力、その反作用に押し返す力など、相対する力の融合から成り立っています。その調和が術を生み、それを追求する中に天地の力に支配されて行動する人間とは何か、という認識が生まれます。

私はこの言葉をフランス人の生徒から教わりました。バッハやスカルラッティ、クープラン、ラモーなど、今日失われているバロック奏法を研究しているクラヴサン（チェンバロ、またはハープシコードとも呼ばれる鍵盤楽器）奏者です。彼に剣術と合気柔術の理論を説明していた折、私の指導は錬金術の原理と同じであると言い、その一例として、この言葉を教えてくれたのです。後に彼は、武道の動きを学ぶことで鍵盤奏法を大きく深めることが出来たと語ってくれました。

カミ／ヒダリミギ／ヒミツ　言霊の融合

日本語の神《カミ》という言葉は、火《カ》・水《ミ》の言霊《ことだま》の融合からなっています。また、左右《ヒダリミギ》も、火（日）と水を言霊とします。日、火は陽であり、水は陰。陽が陰に先んじ、合一するわけです。

剣術で行なう侍の動作は、原則として左から先に行ないます。袴を履くときは左足から、座礼をするときは左手から、と。参考までに、切腹に臨むときは右足から袴を履くそうです。和服では左上に襟を合わせますが、死者には逆にすることも同様です。

さらに、ヒは「霊」であり、魂も意味し、ミは身でもあります。肉体の前にまずは魂を先んじる、ということでしょうか。

左右の手を合わせる「合掌」は陰陽、相対するものを合一させることで、神を顕現させる行為となります。神（カ・ミ）という言葉も火と水にほかなりません。そう、つまりは陰陽の合一こそが神なのです。そこに秘密（ヒ・ミツ、火水）があります。天地を繋ぐ〝人〟の心こそが神なのかもしれません。また、人の手による火と水の清めの働きによって生産される刀剣は、それゆえに神器であるわけです。

山口志道（一七六五～一八四二）は江戸時代後期の国学者で、言葉に宿る霊的な力に関する研究の先駆者ですが、その著書『水穂伝』より引用します。

天地の間に眼に見えざるの火水《ヒミツ》あり。是を火水《カミ》という、水火《イキ》ともいう。神《カミ》と唱《となう》るは躰《たい》にして、水火《イキ》と唱るは用《ヨウ》なり。故に陰陽《いき》と陰陽《いき》と與《くみ》て万物を産なり。

水氣《ミキ》は水の名なり。火垂《ヒタリ》は火の名なり。然りといえども、右の手をもて左を打ときは、右の水は火となり、左の火は水となりて音をなす。

ここでいう、カミとは宇宙の働きのことで、イキとは人の生命の象徴と捉えていいと思います。躰《たい》（体）と用《よう》（「ゆう」と発音することも）とは、いわば本体と作用のことで、例えば、「桜の花」と「花の匂い」のような関係です。陰陽からなる宇宙の作用が小宇宙である人間ということでしようか。

　参考までに、レオナルド・ダ・ヴィンチの有名な大作「最後の晩餐」の構図を見ると、中央のキリストの左手は掌を天に向け、右掌は地に向けています〔図〕。掌を上向にした手は、開放的であり、物事を肯定するジェスチャーであり、いわば「陽の手」です。それに対して、掌を下にすると、抑えるジェスチャーとなり、日本画に描かれる幽霊の姿に見られるように「隠の手」であり、両手は陰陽を表しているように見えます。よく見ると、それを合一させるように左半身には水を思わせる青い色の布を、右半身には逆に火を思わせる緋色の布を纏っています。

　これはそのまま陰と陽が相関しあう「太極図《たいきょくず》」を思わせます。錬金術にも通じていたであろうレオナルド・ダ・ヴィンチは、火と水を調和させた〝カミ〟としてのキリストを描いたのではないか、と想像したくなります。

レオナルド・ダ・ヴィンチ『最後の晩餐』（部分）

天の御柱　旋回運動と宇宙の同調

オノゴロ島に降り立ったイザナギ、イザナミの二神は、国産みをすべく、結びの儀式を執り行なうことにします。そのためにまず、天地を通す「天《あま》の御柱《みばしら》」という柱を立てます。それを双方向に廻って出会うことにするのですが、この廻るという運動に、宇宙を司る根源的な働きを見ることができるように思えます。マクロにおいて、地球は自転しながら太陽の周りを公転し、太陽系も自転しながら銀河を公転します。その運動によって、星々は離れていくこともなく、衝突することもなく、結ばれているのです。ミクロにおいては、原子核の周りを陽子と中性子が廻り、分子を成しています。

古来、多くの身体芸術の舞踊や宗教上の行では旋回運動が行なわれます。これは身体を回転させることにより、マクロとミクロの宇宙の動きに同調させるためと考えられます。

日本剣術のある流派ではこの回転運動を用いて剣を使います。身体の中に、天地を通す意識を立て、それを軸に体を捌《さば》き、回転させることで剣を振るいます。決して腕力で振るうわけでなく、宇宙に同調する運動で行なうのです。

剣を振ることは小我によるものでなく、天意によって為されるとの理由がここにもあります。

また、二〇世紀に植芝盛平《うえしばもりへい》によって剣術や大東流《だいとうりゅう》合気柔術を元に創始された合気道は、この回転運動が基本となっています。

「宇宙そのものである私と争おうとすることは、宇宙との調和を破ろうとしているのだ。すなわち、私と争おうという気持ちを起こした瞬間に、敵はすでに破れているのだ」と盛平翁は、その著書『武産合氣』の中で語っています。

まさに回転運動は宇宙と一つになるための行であったのでしょう。

またこれは、「天」と「地」を繋ぐ「人」であるという意識を持つことにほかならず、ここに生かされていることの意義を問うことにもなります。天の御柱とは身柱であり、各人が心の中に立てるものかも知れません。

みとのまぐわい　右旋左転の原理

天の御柱を男神イザナギは左から、つまりは時計回りで、女神イザナミは右から、反時計回りで廻ることにします。そして出会ったとき、まずはイザナミが先に「あなにやしえおとこよ（ああ、なんと素晴らしい男性でしょう）」と声をかけ、結ばれた結果、生まれたのはヒルコという不具の子で、これは葦の船で流し棄ててしまいます。そこで両神は儀式をやり直し、今度はイザナギより「あなにやしえおとめよ」と、先に声をかけ、結果、淡路島よりはじめ、日本列島を、そして神々を生んでいきます。

この違いとは、私はこの回転方向にあると考えています。

「右旋左転」、新陰流の剣術にこの名を冠した技があります。名のとおり、右旋つまりは時計回りの旋回と左向きの反時計回りの回転から構成されています。身体に軸を立てて腰を中心に体を回転させ、旋風のようなエネルギーの流れを起こすのですが、この形のみならず、おおよそ全ての新陰流の剣技はその二方向の螺旋で構成されています。右回りを旋とし、左回りを転とするには意味があります。

実は物理現象として、地上で回転運動をすると、右回りでは拡散する力、つまりは天に向かう力が生まれ、左回りでは収縮する力、地へ向かう力が発生します。これは実践してみると体感できます。この現象の理由はいろいろと考えられると思いますが、地球の自転運動の影響が原因だと私は考えています。参考までに、クラシック・バレエではフランス語由来に右回転をドゥオール（Dehors＝外）、左回転をドゥダン（Dedans＝内）と呼びます。旋（天へ）と転（地へ）の文字にはそのような意味が含まれているよ

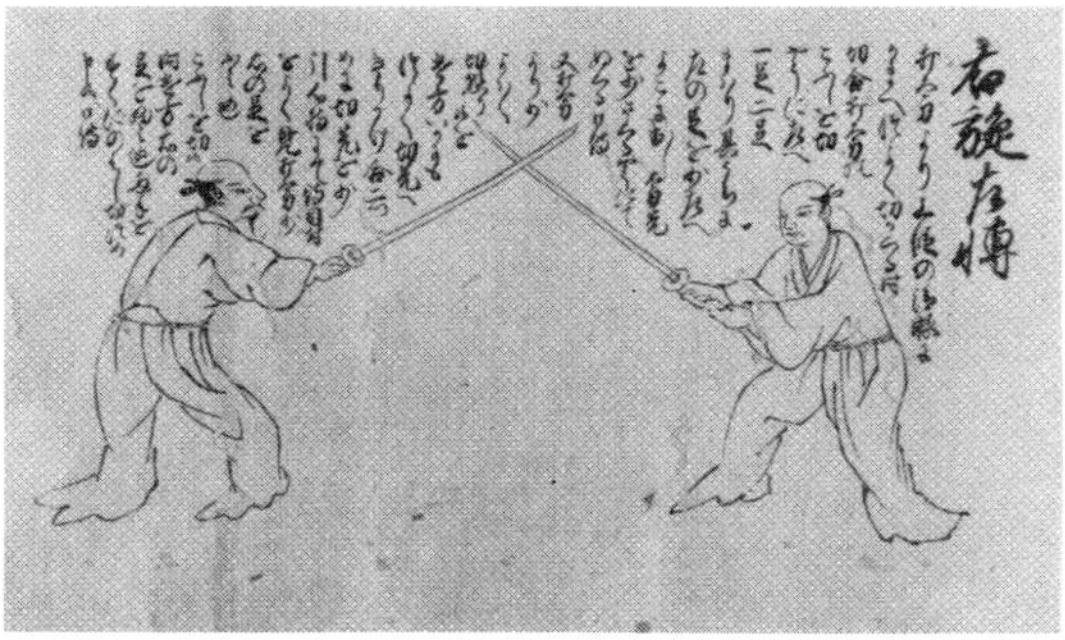

「右旋左転」の図（「新陰流兵法目録事」より）

うに感じられます。剣術ではその天地双方へ渦を巻く流れの調和により技を生むのです。

神話の話に戻ると、イザナギの回る方向は広がる力、溶解する力をあらわす右旋で、イザナミは縮む力、凝固する力を帯びる左転なのです。先の「ソルヴェ・エト・コアギュラ」、この話はその順序の原理を語っているのではないでしょうか。とはいえ、流されたヒルコは民間伝承では、後に恵比寿という福の神となって帰ってきます。結局は、逆もまた真ということになります。剣術でも原理はあくまでも原理にしかすぎず、逆を行なうことも当然あります。何よりも、二つの輪の和こそが国を生むという大きな「和」のお話です。

後に創造された現代武道の合気道においても、この原理が核になっています。身体を回転させることで天地双方向への渦を造り、それへ相手を巻き込み、絡め取り、あるいは地に導くわけです。

創始者の植芝盛平は宗教家でもあったのですが、このことを「水と火との動き、つまり高御産巣日、神産巣日の二神の、右にらせんして舞い昇りたまい、左にらせんして舞い降りたまう御行為」（『武産合氣』）と表わしています。「ソルヴェ・エト・コアギュラ」を体現するように、まずは遠心力の優る右旋から始まり、求心力の左転に移ります。これは、「みとのまぐわい」でやり直し、国々を産んでいった方向、すなわち男神イザナギから始めるという話に合致するのです。

因みに、アメリカ・インディアンは出陣の前に必ず「旋回の儀式」を行なったそうです。馬に乗ったままの状態で回転する中心軸に槍を打ち込み、その円周上を左右に旋回する。左転は沈下・求心、つまり「降神」の意味を持ち、右旋は上昇・拡散、つまり「昇神（神を天に返すこと）」

を意味するそうです。

神剣伝説　天之尾羽張と伊都之尾羽張

国土に続き、海の神、風の神、木の神、山の神…、次々と神々を生んでいった二神ですが、最後に火の神であるカグツチを産んだことによってイザナミは火傷し、亡くなってしまいます。

これに怒ったイザナギは「十拳剣《とつかのつるぎ》」（拳は長さの単位、十拳の長さの剣の意）でカグツチの首を斬ってしまいます。その剣の先・本・柄の三箇所についた血から八柱の神々が生まれます。その中には武の神タケミカヅチも含まれ、雷、火、水、そして剣にまつわる神々です。

しかし、子供を生んだ母親が亡くなることは古代では特に珍しいことではなかったでしょうが、その子を父親が殺すとは、どういうことなのでしょうか。

「剣の霊威で火の猛威を鎮める」――これは信仰のメタファーとも見られ、確かに後の草薙剣の伝説にも繋がります。

また、今日的に考察しても、火薬、ダイナマイトの発明から核爆弾まで、人間が発明した「火」が人に害をなすことは続いています。それを制御するために、さらに創造の刃を入れ、新たな技術とするとの意味にも取れるかと思います。破壊・殺戮と創造・生産が一体であるようなこの伝説は「剣《つるぎ》」によってなされました。その剣の名は、陰陽一体の性格を語るかのように、「天之尾《あめのお》羽張《はばり》」「伊都之尾羽張《いつのおはばり》」という二つの名を持つものです。

三貴神　禊の来歴

イザナギは、亡きイザナミを求めて黄泉の国まで向かいます。そこでのよみがえりを求めるイザナギにイザナミは「黄泉の神と相談しますので、その間は私の姿は決して見ないでください」と求めます。やはりと言うべきか、待ちきれないイザナギは、火を灯し、その変わり果てた姿を見てしまい、驚き恐れて黄泉の国からなんとか逃げて帰ります。そして、死の国にいたその身の穢《けが》れを祓うべく、禊《みそぎ》をしたところ、清めた持ち物やら衣服、そして身体からまた新たに神々が生まれます。

かくて、左目を洗ったときに生まれたのが天照大御神《あまてらすおおみかみ》、右目を洗って生まれたのが月読命《つくよみのみこと》、鼻を洗って生まれたのが建速須佐之男命《たけはやすさのおのみこと》の三貴神です。陽の左の目から太陽神が、陰の右の目から月の神が、共に昼と夜に、世界に光を届ける神々が生まれることは似つかわしく思われますが、荒ぶる嵐の神は、やはり息を司る鼻から生まれるということでしょうか。

ともあれ、三貴神は筑紫の日向《ひむか》という場所での禊、つまりは火と水のもとに生まれます。アマテラスは高天原《たかまがはら》を、ツクヨミは夜の国の統治を、スサノオは海原の統治をイザナギより委任されます。

誓約　対立する力による生産

統治を任されたもののスサノオは、母イザナミのいる黄泉の国に行きたいと、顎髭が長く胸に届くほどの長い間、泣き暮らします。それに怒った父イザナギに追放されたスサノオは、高天原のアマテラスに話してから母のところに行こうと、天上界に向かいます。

荒ぶる神が動くため、山川国土は振動し、アマテラスはその音に驚き、スサノオが国を奪いに攻めてきたと思い、髪を束ね、その髪や両手に「八尺《やさか》の勾玉《まがたま》の五百箇《いはつ》」と、たくさんの勾玉を鎧のように纏い、弓矢を取って武装し、待ち受けます。何しに天界に上って来たのかと尋ねるアマテラスに、「私に邪心はありません、追放された私は母の国に行きます。それをお伝えに来たのです」と答えるスサノオ。「では、その心の清い事はどうやって示すか」との問いに「それぞれ誓約《うけい》をして子供を生もう」とスサノオは提案します。

まず、アマテラスがスサノオの佩いた十拳剣を受け取り、これを三つに折る。玉が揺れる音と共に、水を注ぎ、噛み砕き、吹き出す息の霧から生まれたのが宗像三女神《むなかたさんじょしん》です。次に、スサノオは、アマテラスの「八尺の勾玉」を受け取り、これを水に注ぎ、玉を揺らす音と共に噛み砕く息の霧から五柱《いつはしら》の男神を生みます。

剣と玉を噛み砕き息とする、まさに錬り合わせるように生まれる三柱《みはしら》の女神と五柱の男神。勾玉は胎児を形どったものとも、魂を象徴するともいわれますが、玉は霊《たま》に通ずることは間違いないでしょう。剣も玉も光り輝くものであり、後に汚れのない魂を象徴するものになっていったのでしょうか。鋭く尖る剣と、優しく丸い玉は男性性と女性性を表すようにも考えられ、ここにも陰陽の合一が見られるように思われます。剣と玉を噛み砕く激しい音と、勾玉が触れ合う緩やかな玉響の音。水で清められる剣と玉の光。対立する力が結ばれるところにこそ生産があるのかもしれません。

岩戸隠れ　舞のサユウ

古事記によると、スサノオはこの誓約の結果を「私の心が清い故に、私の剣から生まれたのは優しい女の子たちでした。よって私の勝ちです」と、現代人には理解できない理屈ですが、勝利宣言をします。さらに、それに乗じて、田の畦を壊したり、神殿に糞尿を撒き散らしたりと狼藉を働きます。また、アマテラスが神衣を織るために籠る機屋の棟に穴を開け、皮を剥いだ馬を逆さに投げ入れると、機織女が驚き、死んでしまいます。
これを恐れアマテラスが天岩戸《あまのいわと》に隠れると、天上界も地上界も真っ暗になってしまう。有名な岩戸隠れの物語です。隠れたアマテラスを呼び出すために、アメノウズメの命という巫女神が踊ったことが舞踊の原点といわれます。神々の計略によるものです。

舞を舞うの「舞」の漢字は、「無」と元を一つにし、神の前で無心に舞う姿の象形だそうですが、舞踊は原初に、巫女により神に捧げられるものだったようです。「まう」は回るから来るようで、旋回運動は舞踊につきものです。そもそも旋回とは自転と公転という天体の運動を身体で行なうもので、これは先に書いたように大宇宙に同調するためとも考えられます。そうしてあらゆる舞踊で右旋と左転が行なわれます。

能楽の舞の核となる形をサユウ（左右）と言います。舞い手は、まず四十五度右旋し、次に九〇度左転、そしてまた九〇度右旋したのち四十五度左転し、元の正面向きとなり、終えるという形です。まずは拡散、そして集中へと「ソルヴェ・エト・コアギュラ」を二回くり返すわけです。

これは、役者が拡散する意識の力で観客と結び、その両者の意識に力を凝縮する、その力をさらに拡散して天地に広がる空間まで結び、さらにその力を凝縮するという、全体を一つに結んでいく形であると私には思えます。

また、サユウは左右の音読みですが、この言霊はどうでしょうか。サは破裂音的に鋭く広がり、ユウは融合に通ずるように柔らかく納まります。サ・ユウの響き自体がソルヴェ・エト・コアギユラ、火と水を含み、そのまま舞のサユウの拡散と集中を体現するようにも感じられます。原初、舞は神への祈りでした。演者と観客の意識を一つにして、それを空間に届け、結び一つにするという右旋左転の能の舞は、巫女が人々の願いを神に届ける祈りともいえると思います。

さて、神話ではアメノウズメの舞で賑やかに騒ぐ神々を怪しんで、少し顔を出した太陽神に神々は八咫鏡《やたのかがみ》（三種の神器の一つ）を差し出し、自分の姿を見てなお驚いて岩戸を出るアマテラスを、アメノタジカラオという力持ちの神がその御手を取り、引き出します。こうして、祈りは届き、日の光は戻ったというお話。

甲矢・乙矢　拡散と求心

剣術が侍の表芸《おもてげい》となり、刀剣が「武士の魂」と見なされるようになる以前、概ね室町期以前には、「弓馬の道」といわれるように、弓こそがその主要な武器でした。弓は剣よりも古い道具であり、古代には巫女によって占いや口寄せに使われ、神事とも結びつき、降魔の儀式や吉凶の占断などに使用されてきました。

アマテラスも剣ではなく弓を持って、荒ぶるスサノオを迎えました。狩猟採集民族には必須の道具であり、竹から作られるゆえに、私は、弓とは古代的な呪術を含めた文化の象徴とみなしています。竹はある時は弓矢となり魔を祓い、ある時は食器や楽器、さらには筆となり、文化を生むのですから。

矢羽は鷲や鷹などの羽を半分にし、左側と右側と別に作られるため、陰陽の二種類があります。羽の根元を上に表側から見て左側半分を三枚矢羽としてつけられたものを「甲矢《はや》」と呼び、それは放たれると時計回りに回転し、右半分三枚から作られる「乙《おと》矢《や》」は反時計回りに回転します［図］。弓道ではこの陽と陰の二矢を対とし、儀礼においては、まず甲矢を射て、次に乙矢を放つという順序が決められています。すなわち、甲矢は拡散する磁場を生み、乙矢は求心的な場を創ります。左右、カーミ、陰陽合一、ソルヴェ・エト・コアギュラがここにもあるのです。

興味深いことに、今日にも伝わる、礼法でも有名な小笠原流弓馬術では矢を放つとき、そのままに「インヨウ」と矢声を掛けます。

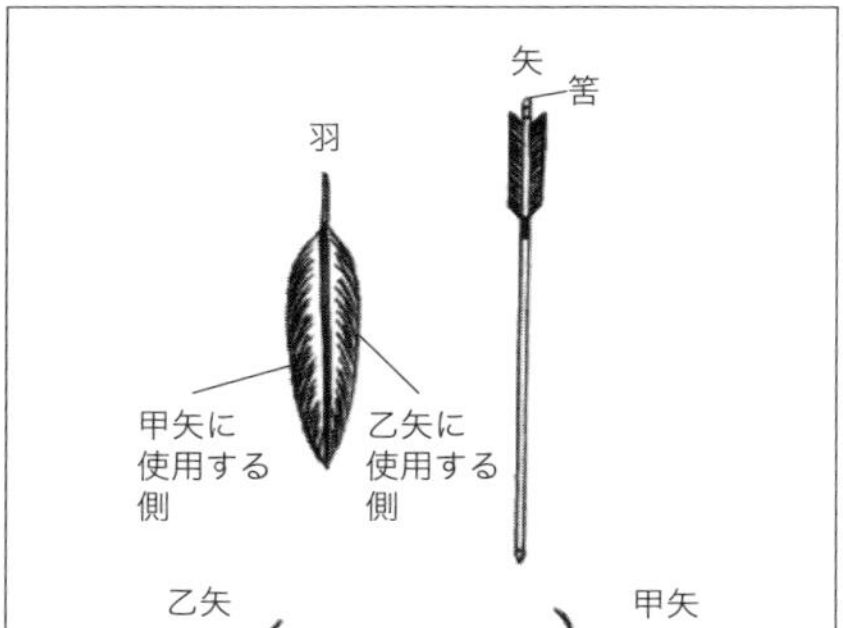

弓・矢羽陰陽図

八岐大蛇　草薙剣のはじまり

その振る舞いにより高天原を追われたスサノオは、地上の出雲国に至ります。肥河《ひのかわ》の川上の鳥神というところで、老夫と老女と少女の三人が泣いているところに出くわします。泣く理由を尋ねたところ、名を名乗った老人が答えるには、「私には八人の娘がいましたが、毎年、八岐大蛇《やまたのおろち》がやって来て食べてしまいます。今年もその時期が来たので、泣いているのです」と答えます。

スサノオは自分の素性をあかし、その娘クシナダ姫を妻にもらえないかと尋ねます。老人は受け入れ、スサノオは八岐大蛇を退治することになります。八つの頭を持つ大蛇のために、八つの門と桟敷を作り、それぞれに濃い酒の入った酒樽を置かせると、現れた八岐大蛇はそれぞれ頭をその門に入れ、酒を飲むとやがて寝てしまいます。

そこでスサノオは佩《は》いていた十拳剣を抜いて、大蛇を斬り裂き退治します。尾を切ったときに佩剣《はいけん》の刃が毀《こぼ》れてしまいます。不審に思い、尾を裂いて見ると、未知の鋭い太刀が現れます。素晴らしい太刀と見られるゆえ、それはアマテラスに献上され、後に三種の神器の一つ、草薙剣となります。

この神話の八岐大蛇とは、氾濫する川、自然の猛威を表すと見ることが出来、灌漑の技術を天《てん》孫族《そんぞく》が高天原からもたらし治水に成功した話と読めます。この中に現れた草薙剣は天上界の剣より優れていたわけですから、出雲の地には優れた砂鉄や製鉄の技術があり、治水の技術と交換するように、それを天孫族に献上したということでしょうか。こうして高天原を追われたスサノオは出雲国を統べることになります。

神秘の剣　天叢雲剣とカデュケウス

スサノオが八岐大蛇を退治し、その尾より取り出したという神剣は、最初に「天叢雲剣《あまのむらくものつるぎ》」と呼ばれ、後に東征のヤマトタケルに佩かれ「草薙《くさなぎ》」と呼ばれるようになったということです。草むらで敵に取り巻かれ、四方から火を放たれた際、この剣を抜き、草を薙ぎ払い向かい火を起し、難を逃れたとの由来ですが、後に平家が奉じる安徳天皇とともに壇ノ浦に沈んでしまったため、その形状は神秘のままです。

また、別説ではナギとは蛇の古語であり「蛇の剣」ともいわれたようで、クサはクシにつながります。これを聞くとき、私にはギリシャ神話のヘルメスが持つ杖が想い起こされます。

真っ直ぐな柄に二匹の蛇が巻きつく杖は、「カデュケウス」と呼ばれ、錬金術とも深く関わるヘルメス主義においては重要なシンボルであり、今日では人と人を結ぶ交商や医学のシンボルとしてもいろいろな場所で見ることができます。二匹の蛇とは、男性性と女性性、相対する力であり、杖に絡み合う様はその統合による完全性を表すと言います（参考までに、密教で信仰される不動明王が右手にもつ剣も「倶利伽羅剣《くりからけん》」と呼ばれ、直剣に炎の龍がとぐろを巻くように絡みつくものです）。

異民族との相剋の中で現れ、活躍し消えていったクサナギは形を失った後も三種の神器の一つとして熱田神宮に納まり、日本を守護し続けています。この垂直の杖に纏わり付く蛇。私は修行者として剣を取るとき、そのイメージに常に思いを馳せながら使っています。

天羽々斬　「十拳剣」変容

また、スサノオが八岐大蛇を斬った十拳剣はその後、先が欠けたまま「天羽々斬《あめのはばきり》」と呼ばれるようになったとのこと。「羽々《はば》」とはこれもまた古語では蛇を意味するそうです。古代には「蛇《だ》行剣《こうけん》」という蛇のようにうねる剣が作られましたが、あるいは草薙や天羽々斬もそうだったのでしょうか。まあ、蛇行剣は、実用的でなくあくまで儀式用と思われますが、そんな想像もしてしまいます。

この剣は後に、「布都斯御霊剣《ふつしみたまのつるぎ》」と名をあらためて、奈良の石上神宮《いそのかみじんぐう》に祀られています。石上神宮といえば、武甕槌命《たけみかづちのみこと》の佩剣「布都御霊剣《ふつのみたまのつるぎ》」をご神体とするのですが、それと陰陽に寄り添うようにこのスサノオの剣も同時に祀られているのです。スサノオは高天原から出雲に下り、その長となりました。タケミカヅチは、後に地上の出雲を天孫族に無血での国譲りの使者を務めた神です。その御剣二振りが同時に祀られることに、「和」の創造への祈りを私は感じます。

八重垣　秘伝「くねり打ち」

八雲立つ　出雲八重垣　妻ごみに　八重垣作る　その八重垣を

八岐大蛇を退治して、クシナダ姫と結ばれたスサノオが詠んだ、和歌の始まりとされる歌。「ヤ、ヤ、ヤ、ヤ」と畳みかけるように美しく連なる音の響きはどうでしょうか。

「ハレル、ヤ」とは、唯一神を讃える聖句ですが、それとの言霊的な共通を感じる向きも不思議でないように思えます（ちなみに旧約聖書の神ヤハウェとは、〝私はある〟＝“I AM”という意味だそうです）。

古来、ヤマトの国ではめでたいことがあるとき、「弥栄《ヤサカ》」と発しました。

剣術では打太刀・使太刀で、お互い「ヤー」と発し、「トー」と応じたため、「ヤットー」と俗称されました。

新陰流の剣術に、この名「八重垣《やえがき》」を冠した技があります。私の研究では、秘伝とされたためか今日失伝している使い方なのですが、両拳を巻いて、切先と刃を自分に向けて構える特殊な形です。十本の指と腕を蛇がくねるように使うため、そこからは螺旋状に気の流れが天地に広がる感覚があります。

「愛しい新妻を優しく幾重に取り巻き守る見えないバリアーのように…」——このような思いを込めて上泉伊勢守は、この形を残したものと思えてなりません。また、この技を使うと、剣も自然に空間をうねり、まさに蛇のように舞います。

「くねり打ち」と呼ばれるこの使い方を行なうとき、「蛇の剣」とはこれではないか、と思うことがあります。

青銅の蛇　太古の記憶

数年前になりますが、剣術のデモンストレーションと指導のためにヨルダンを訪れる機会がありました。現地の方々が、イエス・キリストがヨハネから洗礼を受けた遺跡の残るヨルダン川のほとりから死海まで、歴史的な場所を案内してくれたのですが、その途中にネボ山という聖地を訪ねました。

預言者モーゼがイスラエルの民を率いて奴隷とされていたエジプトを脱出し、放浪の末、約束の地をここから初めて仰ぎ見たという山。そしてまた、モーゼが晩年を過ごしたという山。荒涼としたヨルダン渓谷にありながら、悠久を感じさせる柔らかい空気に包まれた場所。私には、その場の柔らかな気が伊勢神宮のそれを思わせました。そして、その山の頂上で見たものは、青銅の竿に巻きついた蛇のモニュメントでした。

旧約聖書の中の物語で、彷徨《さまよ》うイスラエルの民たちはモーゼと主に不平を述べます。「なぜ我々をエジプトから導き出したのですか、荒野で死なせるためですか。パンも水もなく粗末な食べ物しかなく気力が失せます」と。主はそれに対して怒り、炎の蛇を送り、多くの民はかみ殺されます。モーゼが主に祈ると、その告げとは「炎の蛇をつくり、旗竿の先に掲げよ。蛇にかまれた者がそれを見れば、命を得る」。モーゼは青銅で蛇をつくり、旗竿に掲げます。蛇にかまれた人も、その青銅の蛇を仰ぎ見て助かったとのこと。

ネボ山でその「青銅の蛇」を見たときに、これもまたクサナギではないのかとの想いがよぎりました。「蛇の剣」というものは人類共通に無意識の中に持っているものかも知れません。目には見

「青銅の蛇」のモニュメント
（ヨルダンにて）

えませんが、現在では、遺伝子の中にＤＮＡが螺旋に渦を巻くことは周知のことです。

それを設計した創造者とは有るのでしょうか。「蛇の剣」とは、あるいは遠い太古の記憶を指しているのかも知れません。

カータナ　威徳の剣として

カータナ（Curtana）は、英国王室に伝わる宝剣の名称です。伝説では、アーサー王の円卓の騎士トリスタンの剣であるとか、はたまたシャルルマーニュ（カール）大帝の騎士オジェ・ル・ダノワが佩いたということになっているようです。

語源はラテン語の curtus（短くされた）で、切先を欠く状態のため不殺を象徴し、「慈悲の剣」（Sword of Mercy）とも呼ばれています。剱（ツルギ）の威徳により王権と国家を守護しながら人を斬ることを宗としない、これは日本の剣と同じくするものです。

刀《カタナ》の語源は〝片刃〟とも〝片薙ぎ〟とも言われることもありますが、はっきりしないようです。私は個人的にこの剣との繋がりを感じざるをえません。少なくとも言霊としては極めて近いのではないでしょうか。

余談ながら、フランス王権に伝えられた宝剣、フランク王国を統一したシャルルマーニュの佩剣はジョワイユーズ（Joyeuse：喜ばしい）と呼ばれます。歴代の王たちの、そして革命後には皇帝ナポレオン・ボナパルトの所有を経て、現在はルーブル美術館に納められています。

太陽王ルイ十四世や皇帝ナポレオンの肖像画に見られる剣がこれです（来歴の真偽のほどはよく分からないそうですが、伝説として生きていることは間違いありません）。「喜びを与える剣」——これもまた日本の剣の心と同じといえると思います。

国譲り　「手乞い」と「手ほどき」

高天原のアマテラスは、豊葦原《とよあしわら》、つまりは地上界を統べるスサノオの後継者、大国主に国を譲ることを求め数々の使者を送りますが、いずれも地の国に取り込まれてしまい、交渉は叶いません。最後に、武神の建御雷神《たけみかづちのかみ》と天鳥船神《あめのとりふねのかみ》を遣わします。

出雲国の伊耶佐《いざさ》の小浜《おはま》に降り立った神々は、十拳剣を波頭にさかさまに立て、その切先にあぐらをかいて、大国主に問います、「汝が領有するこの地、葦原中国《あしはらのなかつくに》は我が御子が統治を委任されたものである。どう考えられるのか」と。

大国主は答えます、「私には返答できませんが、息子である八重言代主《やえのことしろぬし》がお答えするでしょう」。すぐに言代主神が呼び寄せられ、了承します。さらに、大国主はもう一人の息子、建御名方《たけみなかたの》神《かみ》の同意も必要であると語ります。こちらも武神の建御名方神は、千引きの石という大岩を手に現れ、「私の国にやってきて、このような話をしているのは誰か、では力くらべしよう」と言います。

まず建御名方神が建御雷神の手を取る。つまり手首を掴むと、その掴まれた建御雷神の手はたちまち氷か剣の刃のように成り変わり、恐れをなした建御名方神はそのまま退く。次に、今度は建御雷神が建御名方神の手を取ると、葦の若葉を折るように掴み、放り投げてしまう…。そのまま建御名方神は信濃国の諏訪まで逃げていき、負けを認め、恭順を誓い、その地を離れないことを条件に、諏訪大社に祀られることになります。

こうして、大国主も国を譲ることを受け入れ、その代わりに天つ神の宮殿と同じくらい立派な盤石に高い柱の宮を造ることを求め、それが出雲大社となり、祀られます。

この武神同士の古代の相撲「手乞《てご》い」のおかげで、血を流さずに行なわれた国譲りは、和の国である日本をよく表すエピソードといえるでしょう。伝統的に剣術・柔術の道場では、この「手乞い」による「手ほどき」というメソッドから始めたといい、これが今日、初歩的なことを教える際に「手ほどき」として使われるこの言葉の源になります。

この神話に因む意味でも、剣術・柔術の手ほどきには相応しいと考え、私も初心者への指導はこの「手ほどき」から始めることにしています。

日本剣術、三つの古の流れ

片刃で反《そ》りのある日本刀が生まれたのは、平安時代中期から後期のことで、武士の勃興と軌をほぼ一にします。それまでの剣は直刀《ちょくとう》が主でした。日本刀は、戦う武士のために生まれたものといえます。

当初、弓が武士たちの主たる武器でしたが、同時に太刀も佩《は》き、馬上にて撃ち合うこともありました。剣術諸流の起こりは、少し時代が下がり、室町期に入ってからです。その頃は徒士《かち》での戦いが一般的になっていたのでしょう。

剣術を大成した剣聖の一人、新陰流を興した上泉伊勢守は、その『影目録』の中で、古くからの主な流れが三つあると書いています。「念流」「新当流」そして「陰流」です。

念流とは、念阿弥慈恩《ねんあみじおん》という禅宗の僧侶によって興された流派で、「京八流」という京都を中心に活動した一派の流れを汲みます。新当流とは、東国の鹿島、香取両神宮の神官たちにより伝えられたとされる一派で、こちらは「東国七流」などと呼ばれます。七流、八流という言い方はシンボリックなもので、実際にはさまざまな流派があったということでしょう。

そして、三つ目は新陰流の源流である陰流ですが、愛洲移香斎《あいすいこうさい》という武芸者によって創られた、先の二流には属さない独立した流れです。「陰流」と名乗ったように、僧侶と神官という神仏との繋がりの深い京都と関東の潮流に対する距離感や、ある種の矜持のようなものを感じさせます。あえて光に対して、影であろうとするような趣き。念は念仏であり、新当は神道に通じ、対するに「陰」と称したのです。

ともあれ、後に念流の流れは、馬庭《まにわ》念流や、中条流、一刀流とそれに派生するさまざまな流派を生んでいきます。そして、新当流からは鹿島神流、香取神道流や示現《じげん》流が生まれ、陰流は新陰流とその多くの分流を生んでいくことになります。

これら三つの流れとは、神と仏という「光」とその「陰」と言えるでしょうか。

義経伝説の謎

京八流の祖は、鬼一法眼《きいちほうげん》という『義経記』に登場する伝説上の陰陽師だと言われています。『六韜三略《りくとうさんりゃく》』という中国の兵法と剣術を鞍馬寺の八人の僧に伝授したのが、京八流の興りだそうで、『義経記』によれば、義経はその六韜を盗み出したという話になっています。この人物には果たしてモデルがあったのでしょうか。

また、平治の乱ののち、牛若、または遮那王と名乗り、鞍馬寺に入った幼い日の義経は、異人、あるいは天狗たちから兵法の奥義を学んだという伝説もあります。ということで、実質は義経が京八流の祖とも見られており、後には、かの宮本武蔵も崇敬し、若き日にはそのままに「義経」と号した時期もありました。京八流の流祖にあやかろうとしたわけです。

義経が鞍馬寺で大陸由来の兵法を学んだということは十分あり得ますが、この天狗（異人）とはどういう類の人物でしょう。

天狗は山伏と同装で描かれますが、これがユダヤ教の神官に良く似たものであることは、近年、イスラエルのラヴィ（指導者）によっても指摘されています。赤ら顔で鼻の高い天狗というのは、遠く異国から兵法や文化を伝える異人だったのでしょうか。

そして、その京八流の後継者ともいえる念阿弥慈恩ですが、「ジオン」という名の響きにやはり、私は異国の風を感じてしまいます。

真相は謎のままですが、義経が後にジンギスカンになって元帝国を興したとの伝説もあります。そもそもこれは江戸末期、日本にいたオランダ人の医師シーボルトによって流布された話のようで、それなりの根拠もあるようです。

このように伝説においては、大陸との関わりの浅からぬ源義経を祖の一人と仰ぐ兵法、日本剣術の歴史にはまだまだ未知の陰がありそうです。

妙術「一之太刀」　塚原卜伝

東国七流にも国摩眞人《くになずのまひと》という伝説上の祖がいます。この五世紀頃の人物が、鹿島神宮に祀られる建御雷神《たけみかづちのかみ》より「神妙剣《しんみようけん》の術」を授かり、それを鹿島・香取の神官たちに伝えたのがこの流れの源であるということです。

時代が下り、この流れの上に鹿島神流を興したのが剣聖の一人、塚原卜伝《つかはらぼくでん》（一四八九〜一五七一）です。卜伝はその妙術「一之太刀《ひとつのたち》」を、鹿島神宮に千日の参籠の末に霊感を得て、編み出したと伝えられています。これは卜伝の流儀のみならず、日本剣術の精華といえる極意としておそらく全ての流派にあるものでしょう。

正面から斬りかかってくる相手に対し、その影のように同じ動き、同じ呼吸で動き、相手の力に吸い寄せられる磁石のように相手に入り、斬り結ぶのです。つまり、その心を禅の修行者のように我を捨てて無にし、相手の心と動きを映し出す鏡のように研ぎ澄まして相対するわけです。

そのような剣客に斬りかかった相手は、自分の影に斬られるような、何が起こったのか分からないまま倒れることになったことでしょう。無念無想で相手と一になり、こちらに向かう相手の力は相手に自ずとはね返る、相手の攻撃がない場合は何も起こらない、これが日本剣術の極意なのです。

全てをうつす濁りのない鏡の如くに心と身体を研ぎ澄ましていく。神社の御神体の多くは鏡です。剣を取り己の濁りを削っていく作業はそのまま神に近づく作業にほかなりません。「一之太刀」とは、相手と一つになる、結びの剣と読めます。この実際は後に詳しく書きます。

燕飛・猿廻の雄姿　愛洲移香斎

「新陰流」の源流となる陰流を創始した愛《あい》洲《す》移《い》香《こう》斎《さい》忠《ただ》久《ひさ》（一四五二〜一五三八）も謎の多い人物です。

伊勢の出身で、早くから水軍に身を投じ、日向に移り住んだとされています。誰について兵法を学んだかは定かでなく、ただ日南の鵜《う》戸《ど》神宮《じんぐう》に参籠して極意を開眼したとの伝説があります。『武備志《ぶびし》』（一六二一）という中国明代の文献に『陰流之目録』の一部が収録されているそうで、当時、中国沿岸に交易した倭寇がそれを所持していたと見られます。倭寇たちは陰流を学んでいた公算が高いわけです。

倭寇と戦った明の武将、戚継光《せきけいこう》はその戦い方を「舞うように飛び回り、光が閃くよう」と驚愕した様子を書き残しています。確かに、舞うように飛び回るという表現は、『影目録』にある「燕飛《えんぴ》」並びに「猿廻《えんかい》」を思わせます。この技はのちに上泉伊勢守が新陰流を創るに当たって、その核とする技です。水軍に投じたという移香斎ですが、倭寇との繋がりもあったのでしょうか。いずれにせよ、倭寇たちがこの回転する技を使って暴れ回る様子が目に浮かぶようです。

また、中国側にはその倭寇の日本刀術を参考にして作られた「苗刀《みようとう》」という刀術が現在まで残されており、一般に片手で剣を扱うことが多い中国武術ですが、ここでは日本剣術のように両手で持つことが主体になっています。その演武を見ると、確かに回転を多く使っており、現在は日本では失われたのかもしれない陰流の技がここには残り、日本とは別の形で進化したのではないかなどと考えます。

それにしても、愛の洲に移り香とは、なんと官能的な号でしょうか。この日本剣術の中核となる技、異国の地で暴れる水軍が振るった技の創始者の名前が何とこのようなものとは…。そこに込められる思い、祈りを感じざるを得ません。

「まろばし」の剣技　上泉伊勢守

人を殺す技であった剣術を心身の開放と統一を求めるヨーガのような「行」（つまりは人を活か

す「活人剣」というコンセプト）に変換した新陰流剣術の祖上泉伊勢守信綱《かみいずみいせのかみのぶつな》（一五〇八～一五七七？）は、初めは上州の戦国武将であり、北条氏や武田氏との戦を繰り広げ、主家が敗れた後、武田信玄より仕官を勧められるも、これを断り、武芸者となり、諸国を巡ったとの逸話を持ちます。

その廻国修行の途上、将軍足利義輝に剣技を上覧し、柳生石舟斎《やぎゅうせきしゅうさい》と立ち会い、弟子とするなど、幾人もの高名な剣客を育成し、日本文化の一翼を担う剣道の基礎を築きました。その剣技を支えた思想が「まろばし」です。〝転〟あるいは〝丸橋〟の字が充てられ、文字通り水に浮かぶ丸木のように、相手の攻撃に即して融通無碍に変転する心身をいい、「まろばす」とは倒すという意味もあり、倒されてもその機を捉えて相手を攻撃する契機としながら、自らはそのまま再び起き上がるのです。

実際に、日本の剣技は身体が重力によって不安定に倒れていく力、普通であれば自らに不利な、己を傷つけかねない力を有効な力に変換することを原理とします。取りも直さず、兵法としての剣は、全ての不利となる要素を利点に変えていくという「錬金術」と捉えることができます。「まろばし」は「まぼろし」に通じ、そこに居ながらそこに居ない、何処にも居ないながら何処にも居るという空《くう》の状態を想わせます。何より、「人を殺す技」（殺人刀《せつにんとう》）から「人を活かす術にして思想」（活人剣《かつにんけん》）への変換は、まさに「転」の一言ですね。

一刀両断　活殺自在の剣

新陰流剣術で最初に学ぶこの形は、まさにその核となる技で、この流儀のみならず日本剣術の極意中の極意といえる技です（先の「一之太刀」の理もこの中に含まれます）。上泉伊勢守が陰流を修め、その奥義「猿廻」より妙を抽出して自らの新陰流の元としたと書き残しています。その妙理がここにあります。

身体を左前に半身にし、右の脇に剣を低く構え、首を相手に晒して「打ち」を誘います。相手が打ってきたところで、体軸を立て、身体を落とし、竜巻のように左に回転させ、そのエネルギーで剣は相手に向かい、飛翔します。有名な黒澤明監督の映画『七人の侍』のなかで、宮口精二演じる剣客久蔵が決闘のシーンでこの技を使っていますので、是非ご覧ください。最初は竹を持って立ち会い、久蔵が勝つのですが、納得しない相手に仕方なく二度目は真剣で立ち会い、相手を打ち止めるというあの名場面です。

この映画に見られるように、実はこの技は活殺自在で、相手を斬ることもできるものの、切らずに受け止めるだけで、相手を傷つけずに勝つ、つまりは争いを収めることを理想とするのです。

この技を「一刀両断」と呼ぶのは、中国宋代の禅の考案を集めた「無門関《むもんかん》」の十四節「南泉斬猫《なんせんざんびょう》」に因むようです。その話とは、南泉和尚という僧がある日、東西の禅堂に分かれた弟子たちが一匹の子猫を巡って争っている場に居合わせます。南泉はその猫を取り上げ、「お前たち、何か申してみよ。上手く言えなければこの猫を斬るぞ」と問いかけます。そして、何も答えられない弟子たちの前でその猫を遂に斬ってしまいます。

現代から見るとなんとも残酷な話ですが、禅とは元来かくも厳しいものだったのでしょう。南泉も本意ではなかったようで、その夜、趙州《じょうしゅう》という高弟にその話をしたところ、彼はある行為でそれに答えます。それを見て南泉は「お前がいればあの猫を救えたものを」と語ります。その行為は禅の考案であり、長くなりますのでここでは書きませんが、つまりは対立の原因となっている「子猫」に囚われる弟子たちに、その迷いを一気に断つことを命じ、それができないなら自分が斬るしかない、とまさに真剣での立ち合いそのもののように弟子に対したということでしょう。

「一刀両断」という禅語には、一つのものを一刀にて二つにするという意味もありますが、ここでは一刀にて「両儀」つまりはデュアリティ（対立）を切り捨てるという意味が込められていると考えています。相対するものを一つにする、差を取る、争いをなくす。斬るのではなく結ぶ剣、それが日本剣術の求める境地です。

剣術は戦国時代の終わり頃、闘争の技として発展し、それを止める思想として大成を見ました。そこに剣聖たちの祈りが込められているのです。

兵法「二天」　宮本武蔵

宮本武蔵は自らの流儀にこの名を冠し、画家としての号ともしました。大小の二刀を天地陰陽に見立ててのことですが、彼が残したとされる歌に「乾坤をそのまま庭に見るときは我は天地の外にこそ住め」というものがあります。「乾坤《けんこん》」とは天地、つまり三次元宇宙のことで、自分や敵対する相手を含む全ての事象を、自らの庭を眺めるように見よ、との教えです。

武蔵はまた「布袋見闘鶏図《ほていけんとうけいず》」という書画を残しており、ゆったりとした布袋和尚が戦う二羽の鶏を上から見下ろしている様は、まさにこの戦いの場における心の使い方を描いたものでしょう。地にある肉体はそのままに、心は天に同化させるようなイメージでしょうか。

つまりは、二天とは乾坤、天地、さらには、小宇宙である身体と大銀河宇宙の空間をも表すようです。

この教えを聞くとき、私は錬金術の有名な文献『エメラルド・タブレット』の中の言葉「上の如く下も然り」を思い出します。マクロコスモスである大宇宙とミクロコスモスである身体はフラクタル（相似）であるとの意味と考え

「布袋見闘鶏図」（武蔵画）

られています。「エメラルド・タブレット」は伝説の錬金術師ヘルメス・トリスメギストス（三大ヘルメスなどと訳されるこの名は、「世界の三原質を司るもの」との意味だそうですが、古代エジプトのトート神、ギリシャのヘルメス神、ローマのメルクリウス神を併せ持った人格、天地人の三位を一体化した人格にも見えます）により書かれた錬金術の原理を示すものとされ、まずはアラブ世界に伝わり、ヨーロッパに現れたのは中世以降とのことで、かのアイザック・ニュートンも翻訳し、注釈を行なうほど大切にしたそうです。つまりは近代の科学にも影響を与えている文献ということになります。

武蔵はその著書『五輪書』の中で「兵法の理」ということを繰り返し述べています。日本剣術に他にあまり類を見ない二刀流をその流儀の核に据えた剣聖は、その類まれな筋力を頼り力任せに剣を振るったわけではなく、「理」を味方にしていたのです。「理」とは先ずは天地の力である重力に逆らわずに剣を使うことであり、それは小宇宙である自らの身体とそれと相似にして大元でもある大宇宙、すなわち天地につながる意識が不可欠なのです。このことの詳細は後に見ていきます。

エメラルド・タブレットと空《くう》

さらに「エメラルド・タブレット」を見ていきます。

「一なるものの」の力を得て、「一なるもの」から万物が生じた如く、万物は「一なるもの」が手を加え、工夫を凝らして創造された…。

その者の父は太陽であり、母は月である。風はその腹に宿り、大地はそれを鍛え養う。…力は大地から天に昇り、再び大地に降りる。上にある力、下にある力を結合して。…これぞ全ての力からなる力。全ての微細にして微妙なるものを我が物とし、全てのものを貫き通すがゆえに。かくして、万物が創造された。かくして、脅威の錬金の術が行われん。

これを読み解くと、錬金の術とは万物、宇宙空間を造る見えない力のことを譬えていると取れます。微細なものが全てを貫く、大地と天空を行き来し結合するという表現は、まさに量子力学的なミクロの世界では空間も大地も同じ素粒子より構成され、それは時を経て流動することを語っているようで、これはまさに『般若心経』の「色即是空《しきそくぜくう》」（何もない空間も物体も実は同じで変わりはない、こんな風に理解できる一節です）を思わせます。また、これら「太陽、月、風、大地」が「天」に結ばれる様は、武蔵が手本とした「地水火風空」をそのままに思わせます。

そもそも、空《くう》の思想を完成し大乗仏教を興したナーガールジュナ（龍樹）は二、三世紀頃のインドに生まれた人物で、同名の錬金術師も著作を残しているそうです。これが同一人物なのか、何かの関係があるのかはわかりませんが、その思想に共通性を感じることは不自然ではないように思います。同時代に、同じ場所、同名の人に説かれているわけですから。

その名の「ナーガ」はサンスクリット語で蛇を意味するそうで、これもまたヘルメス主義を想起させます。錬金術、大乗仏教、東方キリスト教、これらの流れとは、あるいは「元は一つ」なのかも知れませんし、縁起を持って結びつくことも自然なことなのかも知れません。（もちろんこれは自由な思索であり、学術的な研究とは異なることは言うまでもありませんが。）

間　奏

調和の美　『魔法の笛』のメッセージ

ザルツブルクの城館を訪ねた折に、そこで錬金術の教えの言葉に出会ったことを「はじめに」で述べましたが、そもそもオーストリアのこの街を訪れたのは、モーツァルト作のオペラを観ることが目的でした。ザルツブルクでは、この街で生まれた偉大な作曲家ヴォルフガング・アマデウス・モーツァルトを記念し、毎年夏にザルツブルク音楽祭が開催されるのですが、そこで上演されたオペラです。

以前より、私は生徒たちに「合気や剣術の思想を理解するには、モーツァルトの『魔法の笛』を見るといいよ」と話していたものです。このオペラの原題“Die Zauberflöte”は通常、日本では「魔笛《まてき》」と訳されていますが、私は個人的にこのタイトルはどうもおどろおどろしくて好きではなく、英訳すると“Magic Flute”となるように、シンプルに「魔法の笛」が似つかわしいのではないかと思っています。このほうが、より万人に親しみやすいように感じるのですが。

ごく簡単にあらすじを述べると、大蛇に追われた異国の王子タミーノが三人の侍女によって救われます。タミーノは、侍女たちの主人《あるじ》「夜の女王」の願いで、悪の教団を統べるザラストロに誘拐された女王の娘パミーナを救い出すことを託され、居合わせた鳥刺しのパパゲーノと共に教団に向かうことになります。そこで二人に与えられた「武器」がそれぞれ「魔法の笛」と「鈴」になります。三人の童子に案内され、教団に辿り着き知らされたことは、実はザラストロは賢明な人物であり、復讐を狙う「夜の女王」こそが悪であるということ。自分が信じていたことが覆され、途方に暮れるタミーノは初めて魔法の笛を吹きます。すると、森にいた動物たちが祝福するように集まり、さらにはパパゲーノと一緒に逃げていたパミーナも呼び寄せます。その途中、二人はパミーナを見張っていた奴隷たちに再び捕らえられそうになるのですが、パパゲーノが魔法の鈴を鳴らすと、追手は皆浮かれて踊り出し去っていきます。こうして、タミーノとパミーナは出会うのですが、二人を見守るザラストロの許で、数々の試練（イニシエーション）を課され、最後に火と水の試練を超えて結ばれるというお話です。

この、善と悪が入れ替わるというより、光によって闇がかき消されるように善悪が融合し、一つになるという話は、相手との調和により成り立ち、目的は相手を倒すということを超えて「和」を求める日本武道そのものと私には思われます。また、襲ってくる相手に喜びを与え、その心を変え舞い踊らせる「魔法の鈴」、天地自然に感応し結びを呼ぶ「魔法の笛」とは、日本的には神器の剣そのものにも見えます。

このオペラは、モーツァルトも入会していたフリーメーソンのイニシエーション（参入儀礼、試練）と思想を表現した作品といわれており、三人の侍女、三人の童子のようにメーソンにとって重要な〝3〟という数字が随所に見られますし、イニシーションそのものが作品のテーマであるともいえます。光と闇、タミーノとパミーナ、パパゲーノとパパゲーナ、それぞれ陰陽が試練を経て合一していく物語になっているのです。

ここで興味深いことは、オリジナルの台本では、主人公タミーノは日本の狩衣を着て登場する、おそらくは日本から来た王子様という設定になっていることです。なぜ日本の王子なのか、初演当時はあまりに唐突な印象を与えたことかもしれません。

当時の日本は鎖国をしていたとされますが、プロテスタントの国オランダとは交易があったことは知られています。その中で十八世紀末に日本を訪れたドイツ人医師エンゲルベルト・ケンペルによってその見聞を纏めた『日本誌』（一七二七年）は啓蒙時代の知識人に広く読まれ、のちに十九世紀のジャポニズムに繋がったといいます。

モーツァルト『魔法の笛』第二幕「火と水の試練」の場（カール・フリードリヒ・シンケルによる舞台画）

また、オペラ『魔法の笛』の原案を出し、おそらく監修もしたであろうイグナーツ・フォン・ボルンはモーツァルトの父レオポルトが会員であったメーソンのロッジのマスターであった人物で、錬金術師でもあったということです。

『魔法の笛』が初演されたのはちょうどフランス革命が始まった直後の一七九一年であり、その頃には広く読まれていた『日本誌』をボルンが知っていたことは十分あり得る話です。

結びと調和をもたらす器（楽器）を使うものは、遠い東から来たということでしょうか。余談ですが、今日フランスで最大のフリーメーソンの組織はグラントリアン（Grand Orient）と言いますが、これは大東、つまりは極東の日本のことを指すようにも考えられます。

西洋音楽の一つの頂点といっていいモーツァルト、音の調和を極めようとした天才作曲家が、まだ見ぬ日本の「和」にある理想を見たのだとしたら…。

全く個人的な話ですが、私はモーツァルトの楽曲にこそフィルハーモニー（語源は古代ギリシャ語で、調和を愛でるということ）の究極を感じ、若い日より浸るように親しんできました。単に聞くというより、身体の全ての細胞に響かせて同化させるような、ある種の瞑想のように。このような究極に宇宙をうつす美の世界に一歩でも近づけたらと。

これは私にとって大切、且つ有効な剣の稽古でもありました。

3　術の様相

道場の時空間　東西南北

道場は古来、正面を北にして築かれます。これは出雲大社などの例外はあるものの、ほとんどの神社、また多くの仏閣と共通します（因みに浄土系の寺院の多くは東向き、つまり西方に向かって祈るようになっている）。道教では不動の北極星を宇宙の中心として信仰したため、といわれていますが、果たしてそれだけでしょうか。

北半球では、人は北向きになることで、より前屈しやすいとの話を「三軸修正法」という治療法を提唱されている池上六郎氏の著作で知りました。試してみると、なるほど北向きのほうが体を折り曲げやすいことを体感でき、これは礼をするという行為にも繋がるため、人は北に向かって寺社や道場を建築したのかもしれません。そして、人を指導することを「指南する」とも言います。指導者は自然と南を向くからです。

この原理は南北に流れる地磁気、S極からN極への磁気の影響であると、私は考えています。

人間の神経伝達も電気信号であるならその影響を受けることは自明であり、磁石同様にN極に引き寄せられるのは自然である、と。

また、正面から見て左《ヒ》の東側が上座、右《ミ》の西側が下座とされます。ここにも陰陽があり、上は日の昇る東側なのです。

ここで、その位置取りの差異を体感するべく、上下《かみしも》の方向（東方向・西方向）に歩いてみます。清められた道場ではその違いを如実に感じることができます。どのような感触かは各自の体感に委ねますが、概ね東向きに歩くときは、押されるような、緩い坂道を降りるような感覚があり、西向きはその逆で、少し抵抗感があって坂道を登るように感じます（このことは私の生徒やさまざまな人に試してもらっていますが、力を抜いて身体感覚を鋭敏にすると皆このように感じるようです）。我々が居る大地の影響を鑑みると、自然な現象ではないでしょうか。地球は東に向かって自転しているものですから。

道場で稽古される日本剣術は、そのような地球物理を身体で理解し、それにかなった技を練るように創られているのです。現代においては、こうした伝統に忠実に建立することは現実的に容易ではなく、当然にすべての道場がこの方位に成っているわけではありません。それも仕方のないことで、修行者はただその場に適応するのみです。ただ、この古伝を知っておいて何も損はないはずです。古伝の形を稽古するにおいて、何故にこの方向にこの形を打つのか、逆ではどうなるのか、などと身体と空間に問うてみることは、その両宇宙を解きほぐして、ついには結ぶことの縁となると考えるからです。

そういえば、宮本武蔵は『五輪書』の「火之巻」において「場において日をおうという事あり、日をうしろになしてかまゆるなり」と書いています。道場外のことですが、太陽を背にすることが出来れば、相手からはこちらは逆光で見づらく、こちらは相手を捉えやすいことは自明です。それだけでなく、万物を照らす太陽を我が方につけるという、大きく人心を左右する戦略であるとも考えられます。戦闘の場合、祈りとは異なり、太陽の運行に合わせて方角は刻々と変化することは言うまでもありませんが。

神社や道場が正面を北にして、南に向いて造られていることは先に述べましたが、これはギリシャのパルテノン神殿などでも同様です。それに対し、キリスト教の教会は、伝統的に西から入り、東向きに祈る、つまり正面は東を背にし、西向きに築かれています。信者は司祭を通して登る日の方向に祈るわけです。教会の光背は太陽ということでしょうか。

この両者はどうも補完し合うようで、私の住むパリでもほとんどの教会は西向きに建てられていますが、古代ギリシャ・ローマの神殿を模したネオ・クラシックといわれる様式のものは南向きに造られています。マドレーヌ寺院などがそれです。

興味深いことに、市の中心シテ島のノートルダム大聖堂は東向きに、南向きのマドレーヌ寺院は自然に十字を切ることになります（正確には少し北西向きと、少し南西向き）。さらに、十字の交差する点にコンコルド広場（コンコルドは「調和」を意味）とセーヌ川を挟んで寄り添うように国民議会議事堂があり、広場には古代エジプトより運ばれたオベリスクが据えられています。

パリ市の構造を考えるうちにこのことに私は気づいたのですが、こうした配置は偶然とは到底思えません。ノートルダム大聖堂は十三世紀、マドレーヌ寺院は十九世紀初頭に完成し、コンコルド広場はマドレーヌ寺院と同時期に改修され、オベリスクが据えられたのは一八三六年だそうで、この十字は間違いなく都市計画の上でデザインされたものと思われます。

ノートルダム（「私たちの婦人」という意味）は、聖母マリアのことで、マドレーヌとはマグダラのマリア、イエス・キリストの弟子で、近年、小説『ダ・ヴィンチ・コード』などで実はキリストの妻であったと噂される女性です。この二人の調和がパリにデザインされているということなのでしょうか。

さらには、その東西のラインの反対側には凱旋門が、南北ラインの対にはアンヴァリッドが鎮座し、十字を

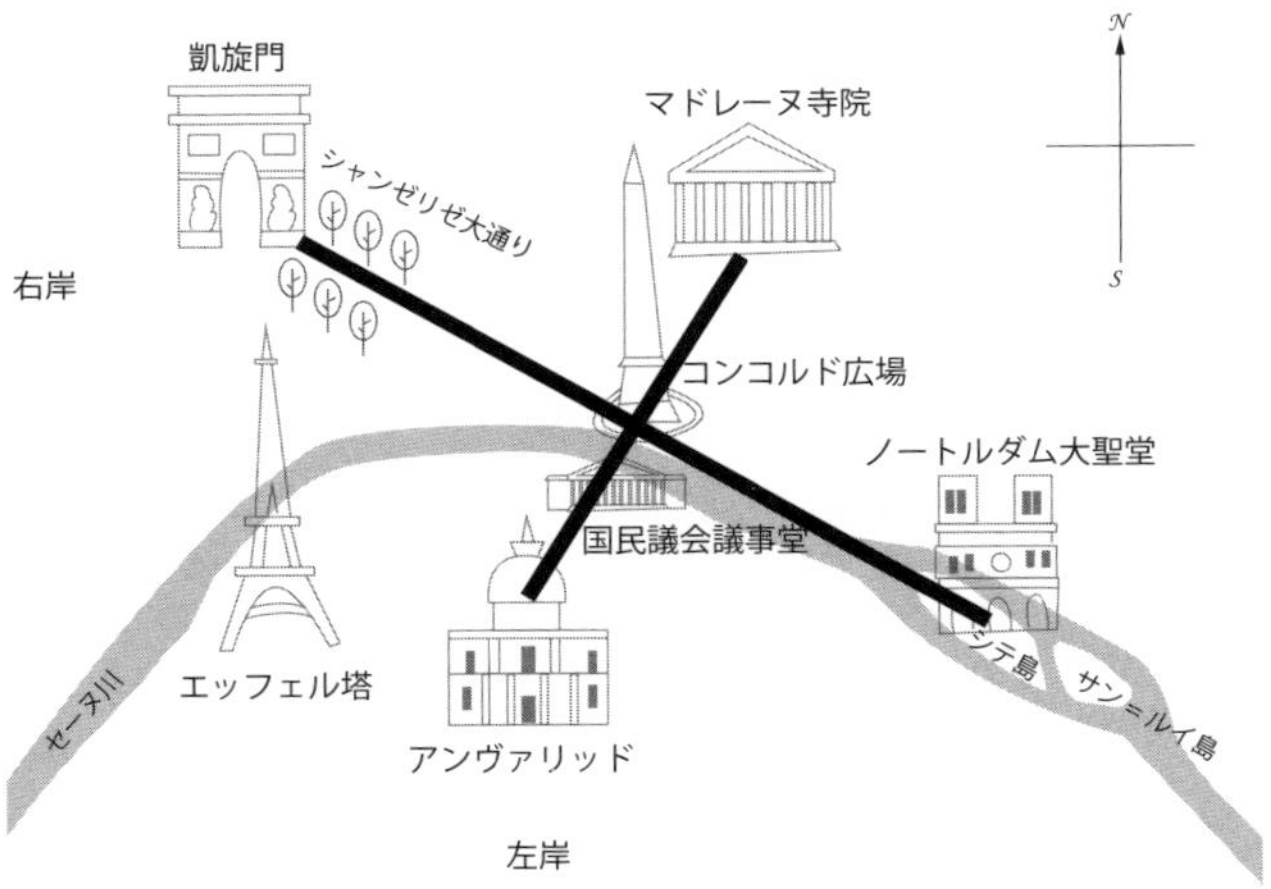

パリ市中心部略図

完成しています。聖なる女性たちに対するのは兵士、英雄たちということになります。凱旋門はナポレオン・ボナパルトがアウステルリッツでの勝利を記念して建造を始めたもので、凱旋した兵士たちはここをくぐり、シャンゼリゼ大通りを歩み、ノートルダム大聖堂に向かうことになります。かたやアンヴァリッドは元は廃兵院であり、ナポレオンが睡る場所でもあります。男性性と女性性、勝利と犠牲、祝祭と鎮魂がクロスする結界でこの都市は守護されているようです。

形《かた》

稽古照今

日本の剣術は、能楽や茶の湯などと同様に「形《かた》」によって継承されます。一流を拓《ひら》いた剣客は自らの実戦体験と身体の構造や刀の形状を鑑みた上で、斬り合いに遅れを取らないための理にかなった動きを追求し、流儀の形として遺しました。

それは太陽を巡る地球の自転運動や地磁気などにも適って作られています。つまりは「天地人」の運動を具現した芸術であり、作曲家における楽曲のような作品でもあります。神に祈ることでインスピレーションを受け、神に捧げる作品を創る。そうした意味でも、近代以前の音楽、絵画、彫刻などの作品と変わりありません。

同じ剣術にしても流派によって形は全く異なり、その剣客の個性となります。

例えば、上泉伊勢守信綱の新陰流では、入門から中級・上級・秘伝極意に至る幾十もの形が用意されていますが、宮本武蔵はそれを「道をうり物にするもの」と批判し、形は上中下左右の五本あれば十分としています。その創始者たちが残した形を繰り返して身につけ、そこに込められた哲理を身体を通して探求することを「稽古」と言います。

剣客自身が、多くは霊夢により得たとして、あるいは天狗から伝承されたとして、その悟りの境地を語っているように、無意識の領域からのインスピレーションを受けているものが多くあるようで、そこには人智を超えた世界が広がり、稽古には全く終わりがありません。

打太刀・使太刀　術理の妙

剣術の形は攻撃する役の「打太刀《うちだち》」と、それに応じる「使太刀《しだち》」の二人で演じられます。通常は、攻撃する側が負ける役であり、それを師が演じ、弟子が受け持つ使太刀に勝ち方を指導するようになっています。ともあれ自ら攻撃する側に利がなく、攻めに動いた瞬間、すでに敗れている、これが日本剣術の基本なのです。

本来、道場で演じる場合、打太刀は上の東より西に進み、使太刀は下の西より東に向かい、剣を使います。勝つ役である使太刀は地球の自転に乗って技を使うわけですが、そこにもさらに細かい術理が見られます。自動車や電車などの乗り物に乗る時、進行方向に向かって座るのと、そちらに背を向けて座るのとどちらが安定感を得ることが容易か、想像してみると分かりやすいかもしれません。

また、諸流の基本となる形の多くにおいて、東からの打太刀は上から打つ、つまりは天から地に向かい、西からの使太刀は下段から、地から天へ応じるようになっています。これを自転の方向に鑑みると実に上手く構成されているように体感できます。西に向かい上から打つ場合、自転の進行方向に向かい落下するように打つことでバランスが取れ、東向きに下から舞い上がるように打つとまさに自転の力に助けられるように打つことが叶います。

形を創った剣聖たちが自転運動を知っていたかは分かりませんが、太陽の運行は日々見ていたわけで、こうした物理を身体で理解し、その技に表現していたと思われます。

目貫と労宮のツボ

日本刀の拵えの柄《つか》の部分の両側には「目貫《めぬき》」という小さい金属製の飾りがつけられています（目貫の通る柄の中心のラインを「目貫通り」といい、この言葉は街の中央通りとい

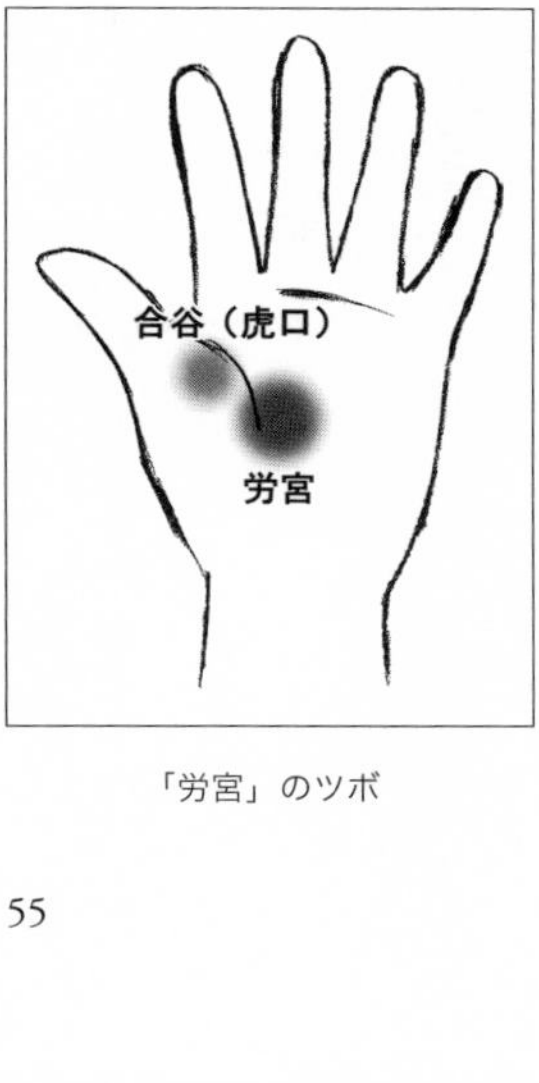

「労宮」のツボ

う意味にも使われるようになりました）。これは右手を前にする構えで、両手で剣を持つ場合、ちょうど両手の中指のあたりにあって、その先の手のひらの中央にある「労宮」というツボを刺激し、経絡（指先から身体の中心へ通る気脈）を刺激し、目覚めさせる働きがあります［図］。

前に書いた「八重垣」の技のように、古流剣術一派では、剣を両手の回転運動で使います。その回転ですが、右手を時計回り、左手を反時計回りに回転させる動作を「外転」、その逆を「内転」と表現します（フランス語ではラテン語由来に、それぞれ Supination シュピナスィオン、Pronation プロナスィオンと言います。シュピナスィオンには下向き回転、プロナスィオンには上向き回転という原意があります）。

身体を垂直に統一して行なうと、概ね外転では気の流れは収斂し、内転では拡散します。「労宮」はその回転を司る軸の一点として機能するのです。剣の「打ち」は茶巾絞りに両手を絞って行なうのですが、両手を内転させるように絞ることによって、拡散するエネルギーの流れが時計回り・反時計回りの双方向の螺旋状に刀身を走ります。このエネルギーは天地の力＝重力と身体の「水」から起こりますが、それが剣に命を与えます。

天地の間にある神器に生命を吹き込むのがそれを扱う人であり、剣は、使い手を天地の間に存在する人としてくれるのです。このことの詳細は第二部の稽古・実践編で述べることにします。

4 術の象徴と秘密

労宮と湧泉　天地とつながる門

手のひらの「労宮」に対して足裏の中心には「湧泉《ゆうせん》」というツボがあります［図］。その名のように、湧き上がる気の源とされているわけです。日本の伝統の足袋や草履には、それで歩くと自然にこのツボが刺激され、足元から身体の中心となる丹田までの経絡が目覚めるように働きます。剣術の一派では、左右両足のこの二点で立つことを行ないます。正確にいうと、湧泉は土踏まずにあるので、実際にはそれに近い爪先《つまさき》よりの二点なのですが。

つまりはポワント（点）で立つバレエダンサーのようにバランスをとりながら天に釣られたように立つわけです（太極拳も同じだそうで、もちろん玉乗り師のような不安定さと大地に根を下ろすような安定感を両立する必要があるのです

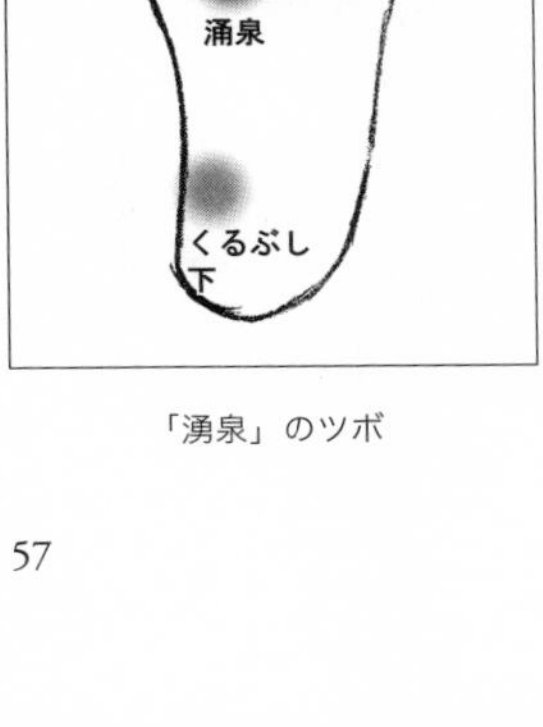

「湧泉」のツボ

が）。また、このツボは丹田で蓄えるエネルギーの取り入れ口としても働きます。湧泉から吸い上げた地の力を丹田にて圧縮し、両手の労宮より放出する、逆には、相手の太刀打ちを剣で受けたとして、その力を吸収緩衝し、丹田で受け止め、足より地にアースするという双方向にて、この流れを使うのです。

労宮は天へつながる身体の門、湧泉は地への門と詩的に表現することもできます。この両門の開閉により技を使うわけです。

*

ここで私は、あのイエス・キリストが十字架上に両掌と両足を杭で打ち付けられている磔刑像を想い起こします。これは実際にはありえないようで、本当は手首や足首を打ち抜かれたとのことですが、シンボリックな意味があったため、こうなったのでしょう（現代の西洋医学では経絡やツボといった概念は語りませんが、古代にはそういう認識があったとも考えられます。少なくとも大切な箇所という認識はあったと思われます）。

私には「この人を見よ」（キリストの処刑を命じたピラト提督の言葉）の「この人」は天地とつながるための門を意図的に残酷に封じられているように感じられます。まるで人類への見せしめのように。

カトリック教会がその教えとは裏腹に、権力者が民衆を解放するのではなく、支配するために利用されてきた歴史は、今日誰もが知ることができます。そのためには人々の身体を封じ込めておく必要があったのかも知れません。身体を解放し、天地につながる身体を持つことは人々を目覚めさせ、限りない力を呼び覚ますことにつながるからです。かくして中世のヨーロッパにおいては、古代のギリシャ・ローマ時代には栄えたであろう身体文化は隠され、秘密裏に脈々と伝えられたことが想像できます。

さて、日本はどうでしょうか。

湧泉で立ち、労宮で道具を使う。それは確かに秘伝だったのでしょう。そして、そうする理由があったのかも知れません。

もし、小学生の子供に、チャクラを開き天地と繋がれ、と教えるのはどうでしょうか。それもいいと思われますが、まずその前に、社会のルールを覚え、そのシステムに適応することを学んでいくことが大切です。そして長じて社会的な人となる、それは必要な過程です。

しかし、それで終わってしまった場合、その後はどうなるのでしょう…。場合によっては、教育というものは、権力に対して盲目的に従う大衆を作るシステムとなりかねません。

キリストが徹底的に戦った相手は、ユダヤ教パリサイ派という宗教的、特権的な秩序、権威に安住する宗教者、権力者でした。人々の幸せは顧みず、既得権益的な秩序に優先的に固執する指導者たちを容赦なく批判したために磔刑に処されたわけです。

秘伝的な世界や教えとは、下手をすると「反社会的」（革命的と言った方がよいかも知れません）な思想、行動を起こすほどの強い目覚めを人々に与え得るがゆえに慎重に取り扱われたこともあると思われます。

剣を扱うことには責任が伴う所以です。

三角形の教え　礼に始まり礼に終わる

日本の伝統的な礼法では、男子は両手の親指人差し指で三角形を作り、それを床につけその中心に額が来るように頭を下げます。対して、女性は三つ指をついて礼を行ないました。同様に死者の額には天冠という三角形の白い布をつけました。礼に始まり礼に終わる剣術の稽古は三角形を最初と最後に形作るわけです。

古代の日本に大陸より、土木建築や機織りの技術や芸能音楽などをもたらした秦氏は、秦の始皇帝の末裔であり、景教徒（ネストリウス派キリスト教徒）であったそうです。その氏神である京都太秦《うずまさ》の蚕ノ社《かいこのやしろ》には三位一体を表すような三柱の鳥居があります。三位一体とはキリスト教では、父と子と精霊の三つを言いますが、日本風には天御中主神《あめのみなかぬしのかみ》、高御産巣日神《たかみむすひのかみ》、神産巣日神《かむむすひのかみ》の「造化三神」、または仏法僧の「三宝」、あるいは「天地人」とも言い換えることも出来るのではないでしょうか。

礼に限らず、三角形は剣術の構えについての口伝にも見られますし、新陰流で最初に教える形を「三学円の太刀」と呼んだり、その形を打つときは三歩で前に進むことが基本であるなど、「三」という数字は多く見られ、私は剣術を大成した剣聖の中にも秦氏に繋がる者がかなり存在したのではないかと想像しています。

五芒星の行法　宇宙法則のシンボル

多くの剣術の流派では、天地人陰陽、あるいは木火土金水の「五行説」に因んで五本の形を基本としています（宮本武蔵の二天一流では地水火風空の「五大」）。その五行の相成相剋の関係は陰陽道で「五芒星《ごぼうせい》」に表現され、古流剣術には剣で五芒星を描く行法があり、これは正面に向かって五方向に打つ方法と、正面と左右前方後方の五方向に、つまりは上から見た星形に使う方法があります。五芒星は黄金比を中に含み、ある種宇宙の法則を凝縮した形なのでしょうか。剣術ではその形に動くことで自然の動きを体現しようとしているように思えます。また、五芒星は人形《ひとがた》でもあります。

有名なウィトルウィウス的人体図でレオナルド・ダ・ヴィンチは身体を円と正方形に内接する五芒星のように描いていますが、その底辺（開脚した幅）と身長は黄金比の関係になっています。この図を見るとき、私は日本の弓術を想い起こします。小笠原流などの射では、射法八節《しやほうはっせつ》という八段階に動作を行なうのですが、「離れ」という矢を放った直後の姿は、両手を水平に広げたまさに五芒星の如くです。弓は剣よりさらに古代的な道具であり、そこには祭儀性はより露わとなります。

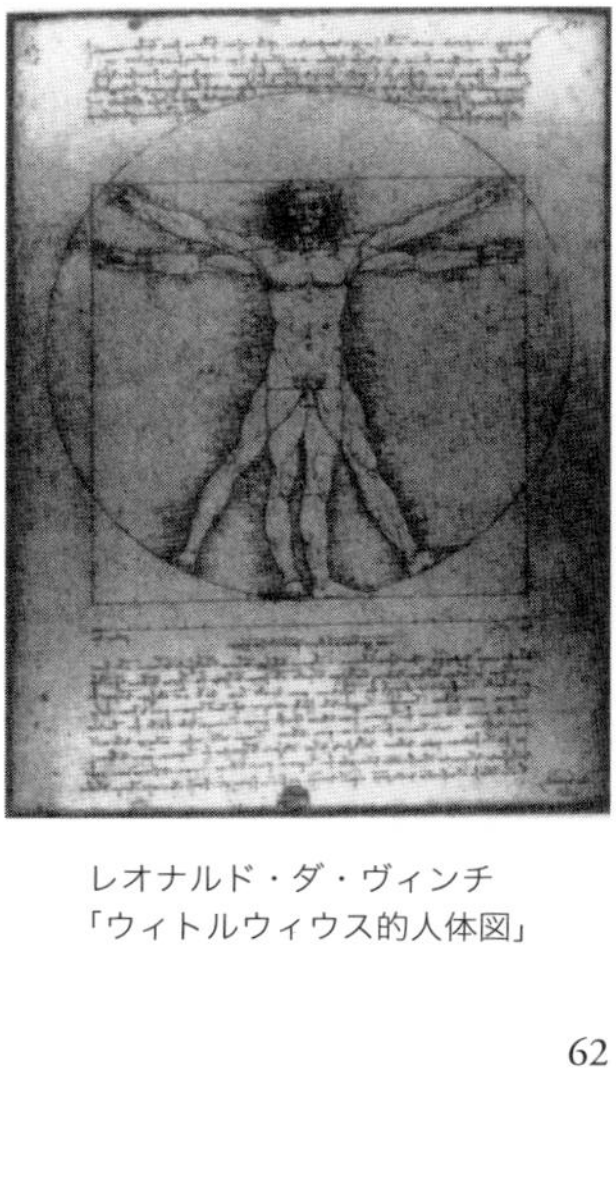

レオナルド・ダ・ヴィンチ
「ウィトルウィウス的人体図」

黄金比と白銀比

剣術の形を演じるにおいて、打太刀・使太刀の両人は、三間《さんけん》（一間を三歩で歩くとして九歩の間合）の距離をとって始め、三歩前進し距離を詰め、およそ一間の間境《まざかい》に入り、技を使い、後に小さく五歩後退して元の位置に戻り、一つの形を終えることが多くあります（間合や歩数は流派や場合によりますので、これに限るわけではありませんが）。つまり、各演武者は合計八歩歩むことになります。

この3、5、8という数字に、私は黄金比を生むフィボナッチ数列を想い起こします。3と5の比は、1・6666…で、5と8の比は1・6というように、その数列中に並ぶ数と数の比率は1、61803…という黄金比に限りなく近づいていくわけです。これを図形にすると黄金螺旋《おうごんらせん》（ゴールデンスパイラル）という神聖幾何、宇宙の構造を表す形の一つとなります。

ヤマト言葉では「ヤー」である8（横にすると無限∞のシンボルとなる）は、漢字では末広がりの「八」です。永遠に広がる宇宙とそれに同調すべく、地に足をつけながらも創造する「人間という存在」を探る剣術では、これもシンボリックな数字になります。

黄金比（1:1.618…）は特にギリシャ・ローマ由来の西洋の建築や芸術、パルテノン神殿、「ミロのヴィーナス」、レオナルド・ダ・ヴィンチの「モナリザ」などの構造を司りますが、日本でも建築、仏像や能面などに見られます。さらに、武蔵の自画像とも伝えられる有名な肖像画〔二〇二頁〕がありますが、武蔵が両手にもつ大小二刀の比にも見ることが出来ます。

円の中に正五角形を描くと現れる黄金比に対して、円に内接する正方形の一辺と対角線（1:$\sqrt{2}$）に見られるのが「白銀比《はくぎんひ》」で、西洋の建築や美術に多く見られる黄金比に対して日本文化に多く見られるために「大和比《やまとひ》」とも呼ばれます。建築では、古くは法隆寺の五重塔や伽藍に、新しくはスカイツリーなどに。A判、B判の用紙やラップトップ・コンピューターもこの比率になっています。また正方形は畳や風呂敷などでも使われるため、日本文化のあらゆる面に見ることができます。

剣術と関係の深い能楽では、使われる女面の多くはギリシャ彫刻のように黄金比で、男面や鬼の面は大和比で造られています。能面をよく調べているうちにそのことに気がつきました。女性を表現するにシャープな黄金比を用い、男や鬼は柔らかな白銀比にする。陰陽のバランスがこれでとられているように感じられます（全てがそうなっているというわけではなく、例えば女面でも年配の女性には柔らかく白銀比に近いものが多い等、もちろんヴァリエーションはさまざまあるのですが）。

日本文化はこのように黄金比と白銀比の調和により成っているようです。また和歌に使われる七五調は白銀比（7対5は1対$\sqrt{2}$と相似）を生み、そのリズムが心地良さを生んでいるということです。畳や風呂敷包みに馴染み、道歌に学び、剣をとる修行者も自ずと白銀比という宇宙法則に導かれているわけです。

交差する円・ヴェシカパイシス

宮本武蔵がデザインしたとされる「武蔵鍔《つば》」〔写真〕は、「二天」の号に相応しく、二つの円を交差させた意匠となっています（禅では円相が悟りや宇宙を表すとされますが、それが二つ結ばれているものです）。また、兵庫県明石市に武蔵の設計によるといわれる庭が残っていますが、そこで

黄金螺旋

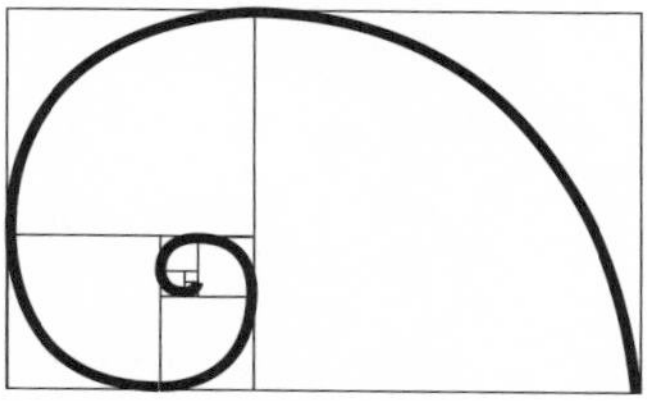

短辺と長辺が黄金比（1:1. 618...) になる黄金長方形の中に、短辺でできる正方形を切り取ると、そのとなりにまた黄金長方形ができる。それを繰り返すフラクタル図形の中で、黄金長方形の外側にできる正方形の対角を円弧で結ぶことにより形づくられる。

白銀比（大和比）

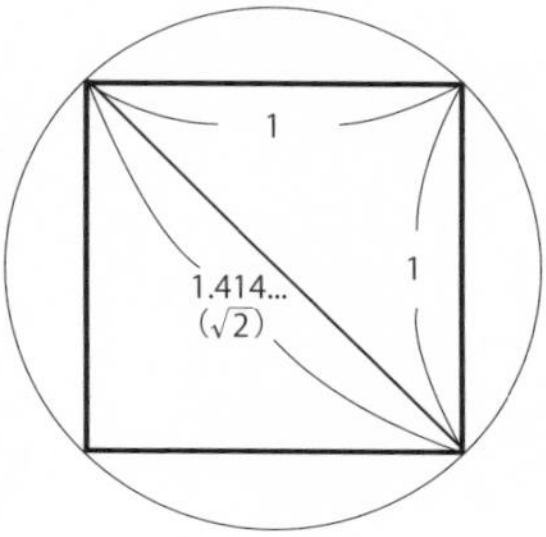

黄金比

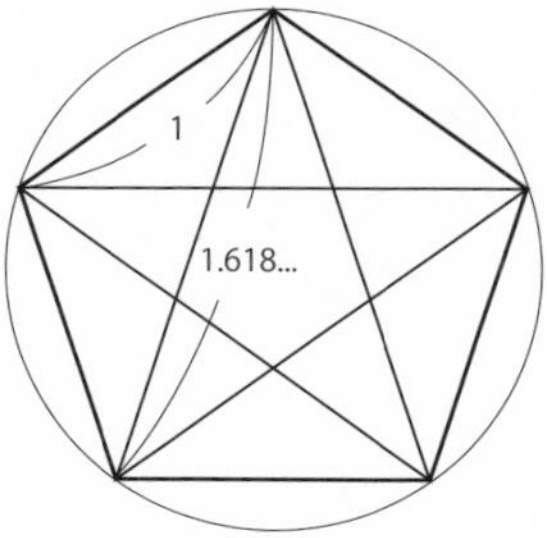

白銀比による男面平太

横縦14x20cm

黄金比による女面万媚

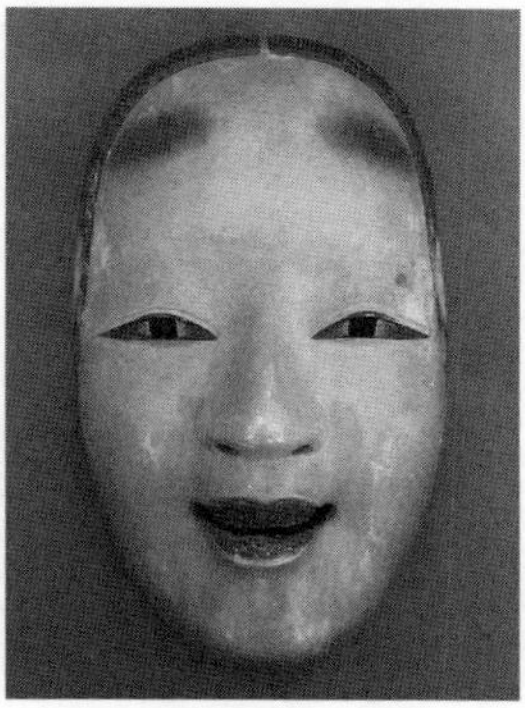

横縦13x21cm

も二つの交差する円が石によって配置されています（圓珠院庭園）〔写真〕。また、修行者として武蔵の剣を稽古研究した結果、その剣技を支える中核もこの形であると確信するに至りました。

これは神聖幾何学では「ヴェシカパイシス」（ラテン語で「魚の器」の意味。その交差する円の内接する部分が魚に似るためで、原始キリスト教においてはイエス・キリストのシンボルでもある）と呼ばれ、誕生そのものの細胞分裂の意匠とも見られています。さらに円が増殖していくと、フラワー・オブ・ライフ（生命の花）といわれる宇宙的な図形を生んでいきます（日本の七宝模様《しっぽうもんよう》とほぼ同じもの）。

このヴェシカパイシスのかたちは多くの有名企業、ブランドのロゴに使われているので、誰もが目にしたことはあるでしょう。このデザインは、宇宙の誕生をシンボライズするものですが、武蔵は二つの宇宙、ミクロとマクロのコスモスを象徴するものとして、そのアートの核としました。

実は、この意匠は日本では「輪違《わちが》い」として家紋などに見られるものです。武蔵ゆかりの播磨国（『五輪書』において「生国播磨」との記述がある）の龍野藩脇坂氏の紋であり（実際は脇阪氏が播磨に来たのは武蔵没後のことのようですが）、また、武蔵は美作国《みまさか》とのゆかりも語られますが、そこからも遠くない吉備津神社の神紋がこれであり、自然に武蔵もこの紋を目にしていたことは十分に考えられます。

果たして剣聖は、この神聖幾何学に秘められた秘密を知って使っていたのでしょうか。私はそ

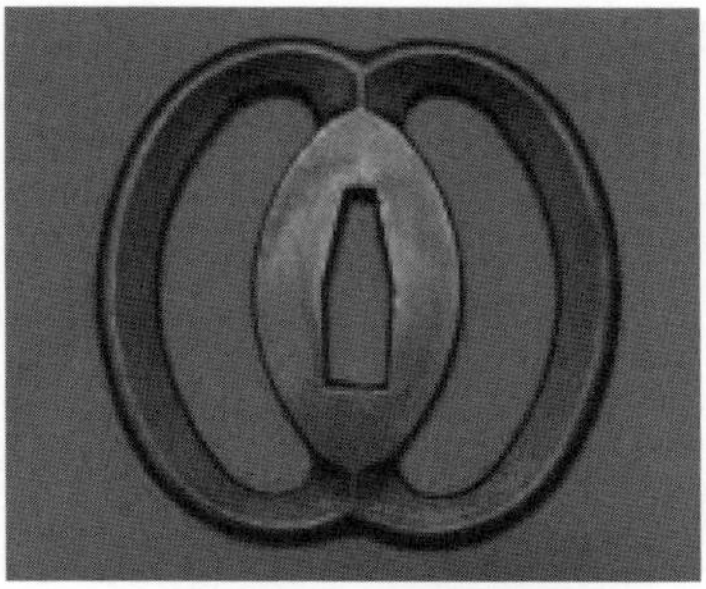
武蔵鍔

圓珠院庭園

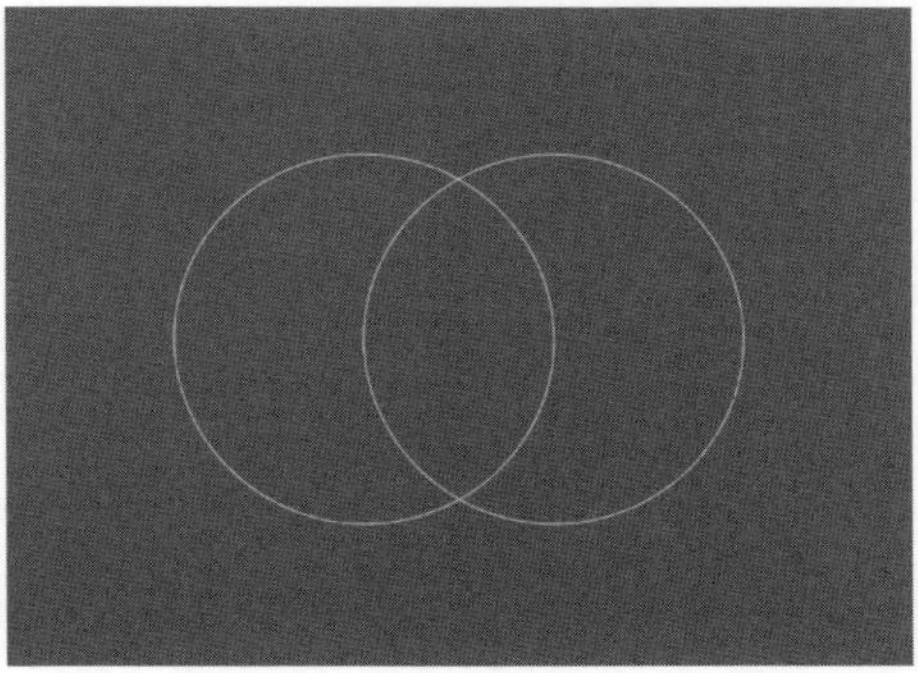
交差する円（ヴェシカパイシス）

うだと思います。法隆寺の五重塔などの建築群や、天平の美術など、後世にも真似のできない遺産を残した渡来の工人たちが秘匿していた叡智を秘伝的に伝えた流れに触れていたのではないか、と私は思っています。それゆえに武蔵は画家としても余人に真似の出来ない作品を残したのだ、と。

七星剣の由来

景教（ネウトリウス派キリスト教）徒であったとの説がある渡来人秦河勝《はたのかわかつ》をブレーンとする聖徳太子は、仏教（私は大乗仏教も原始キリスト教の影響を強く受けていると考えています）を興隆し、十七条憲法を制定し、日本の基礎を作った人物ですが、その佩剣《はいけん》には北斗七星が刻まれ、この名を持ちます。

　最近の研究では、太子はその実在を疑問視する声も多くあり、秦氏がイエス・キリストをイメージして創造したシンボルとの説もあるようです。先に述べたように道教では、北に不動の北極星を宇宙の中心とする信仰があり、それを常に守護するが如くめぐる北斗七星は、破軍星という星も含み、魔を払う星座と信仰されたようです。北斗を祀る妙見信仰は日本でも根強くあったようで、今日の竹刀剣道の基礎を築いた幕末の剣客千葉周作は北辰一刀流とその流派を名乗りました。

また、五行に日月陰陽を加えた「七曜《しちよう》」も天体の法則を示すサイクルにほかなりません。私は若い日に、古来の剣客が夜空を仰ぎながら指針としてきたこの北斗の下で、幾夜も一人稽古を重ねたことがあります。時空を超えて古代の剣聖たちと繋がることが叶えば、との思いでした。それが万人に効果があるかは何とも言えませんが、私にとってはその瞑想的な時間はひとかたならぬ気づき、インスピレーションを与えてくれたありがたい時でした。

「イ・エ・イ」　掛け声の言霊

剣術では、「ヤー、トー」と声をかけることはすでに述べました。ヤとトの母音は、アとオであり、ギリシャ語でのアルファベットもアルファからオメガであるように、始まりと終わりの音です。言霊ではアは広がっていくエネルギーであり、オは収斂するエネルギーになります。「ヤー」と広がり打ち、「トー」とその力を納めることになります。ソルヴェ・エト・コアギュラがここにもあります。

同様によく使われる掛け声が「イ・エ・イ」です。母音のアイウエオのウを挟むイとエも相対する言霊を持ちます。「イ」は、今、居る、意識など、現在この場所にいる垂直的（アルファベットのIのように）なエネルギーを持つに対して、「エ」は、永遠、曳航、遠隔などと水平的（Eは

Iから横に広がってますね）な言霊です。ゆっくり声に出して「イー、エー」と低く発音しながらその違いを注意深く感じてみてください。何かしらの違いが感じられるはずです。

剣を振るとき、「イ・エー・イ」と声をかけることで、天地の間に今いる身体の中心から、遥か彼方（武蔵の言う、もう一つの天の中心まで）気を飛ばし、それがまた身体の中心に戻ってくるような意識の流れを生みます（英語で説明すると、古い映画のタイトルをもじって、From “Here to Eternity to Here”〔地上《ここ》より永遠《とわ》に〕でしょうか、イ－エ－イですね）。

意識は三次元空間の物理法則に支配されませんので、それは確実に可能であり、その意識が剣を使う身体を導くことを、掛け声の言霊が助けてくれるのです。

聖杯と聖槍　または勾玉と剣

キリストの受難に関する聖遺物の中に、「最後の晩餐」で使われた、あるいは十字架上のその血を受けたという聖杯《せいはい》と、十字架上の死を確認するためにその脇腹を刺したという聖槍《せいそう》（ロンギヌスの槍）があります。いずれも時の権力者たちにその行方を求められ、さまざまな伝説を生んでいることはよく知られています。これらを手にした者は大いなる力を得ることができるとされたためです。

それにしても、傷ついたキリストを突き刺す槍、そしてその血を受ける杯、鮮烈に痛々しくも官能的なまでのイメージではありませんか。この二つも男性性と女性性、陰と陽を象徴するように思われ、私にはさながら勾玉《まがたま》と剣の物語の変奏のように感じられます。さらには、イザナギ・イザナミの二神が天の沼矛で大地を掻きならし、その先から塩水がしたたり落ちて島が生まれる描写をも私は想い起こしてしまいます。

あるギリシャ人の友人から聞くところによると、ギリシャのレスボス島にある教会に、日本の、征夷大将軍として桓武天皇に仕えた坂上田村麻呂の佩剣《はいけん》が聖遺物として祀られているとのこと。その教会の説明によると、ロンギヌスの槍の一部がその教会に至り、そこを訪れた坂上田村麻呂がそれを授かり、後に日本で蝦夷を平定した。そして、今その教会にある剣はそのコピーであるとの話です。つまりは聖槍がギリシャ経由で日本に伝わり、征夷大将軍の佩剣になったとの伝説がギリシャにあるという話なのです。

もちろん事実とは考えにくいものの、なかなかに面白い話ではないでしょうか。

平安京の造営にネストリウス派キリスト教の秦氏が関わっているならば、桓武天皇の偉業を助けることに尽力した田村麻呂が聖槍を手にしていたとの話はシンボリックに理解できます。

これはまあ言ってみれば、御伽話の類ですが、イエス・キリストの死と再生にも陰と陽の聖具が関わっていることに私は深い興味を覚えます。

サクラ　聖なる秘密

「花は桜木、人は武士」という言葉があるように、武道とも縁のある桜。

春の訪れを告げ、美しく咲き誇り、潔く散る姿は大和の人々を魅了し、この国では春を迎えると、その花の下での酒宴が行なわれて来ました。死と再生を感じさせるこの花の下で行なわれる宴は、いずれ来る死を想いながら今この時を寿《ことほ》ぐ祀りといえます。桜咲く大地には数知れぬ屍が眠っており、その記憶をとどめた地より一瞬の、二度とないこの春に咲き、そして散る花との出会いは死者たちとの邂逅でもあります。

「さくら」の語源については諸説あるようですが、それはさておき、ラテン語ではサクラ（Sacra）は「神聖なる祀り」を意味します（現代フランス語ではSacre／例＝ストラヴィンスキー作曲『春の祭典』はル・サクル・デュ・プランタン〔Le sacre du printemps〕）。

サクラム（Sacrum）は「聖なる」（フランス語ではサクレ〔Sacré〕）を意味します。また「秘密」を意味する言葉はセクレータム（Secretum、現代フランス語ではスクレ〔Secret〕）です。つまり、「サクラ」は、ラテン語的には「神聖なる秘密、聖なる祀り」と響きます。

もちろん、日本のサクラとの繋がりは定かでありませんが、とにかく言霊としては近いものがあります。一方、ヘブライ語では「隠されたもの」を意味する言葉SKR（英語表記　シェケラ）

に響きが近いと言います。

もし仮に、大和の土台を創った渡来人たちの秘密がコード化されたものが「桜-サクラ」であるとするなら、私たちが何ともなく不思議なまでにこの花に心震えるのかがわかるような気がします。

久方の光のどけき春の日に静心なく散る花

その散る花を見るとき、この地に生まれ土となった全ての人たちの生と死を想う。また、文化を生み豊かにする道具であると同時に乱と破壊を導く器、常に生まれ変わり死に変わり、メタモルフォーゼしていく人類の手にある「劔《つるぎ》」。それは形もなく目には見えない象徴としての存在なのかも知れません。

その流れにあるものとして、今この時をいかに生き、いかに剣（創造と破壊の器）をとるかを自然に問う「サクラ」はそのような装置なのかも知れません。

聖なる秘密（火水　ヒミツ　カミ）は隠されて目の前にあります。

東西文化考　フランス語で稽古をつける

キリスト教文化圏で活動していると、天上の神の世界を至上と考え、現実世界を汚辱と見なしているのでしょうか、身体は汚れたものだ、と大衆に植え付けられた歴史が今でも影を落としているように思われます。それは、尊い理想に対して、現実世界で生きていく上での欲望をもたらす身体は不浄であると見なす思想です。中世においては、キリスト教徒は身体を洗うことも禁止されていたと聞きます。原罪という思想で罪の意識を植え付け、信徒をコントロールしてきた歴史でしょうか、

また、デカルトの国であるフランスではカルティジアン（デカルト主義者）といわれる人たちが多く、そこでは精神と身体を全く別物とし、身体はただの物体であるとみなすようです。特にインテレクチュアルな研究者やエンジニアに多いように思えます。別の言い方をすると、理論を担う左脳が、感覚やイマジネーションを担う右脳より、よほど優位な人たちと言えるでしょうか。

近代スポーツという西洋文化では、身体は物にしかすぎず、その物体を意志でコントロール

して勝敗を競うわけで、身体自体を意思を持った小宇宙として発見していくという、剣などの武とは全く異なる道なのかも知れません。

心と体が本来は一つであり、心身の統一を目指す武道などの日本の文化とは真逆ほどの隔たりを感じることがままあるのですが、それ故に、逆に日本文化に憧れ、必要としている人も少なからずいるということなのでしょう。

中世までのキリスト教の支配に対し、古代ギリシャ・ローマの身体性をも讃える文化を取り戻そうとする動きを「ルネッサンス」と呼びますが、現代でもそれは続いているようにも感じられます。

いや、実はそれは逆で、そもそも暗黒の中世に光をもたらしたと巷間でいわれるルネッサンスこそが、左脳優位に身体性を隠していく運動であったのだと、私の友人であるフランスに住むカメルーン生まれの黒人ダンサーが語ってくれたことがあります。

残酷なまでに皮肉なことですが、知性による啓蒙運動こそが、身体感覚を奪い取り、人々を奴隷化することに益したのだ、と。当初は、身体を解放する運動であったものが、後に権力により逆方向に利用されたということも考えられます。

そう言われてみると、大航海時代が始まり、奴隷貿易が本格化した時期、グーテンベルクの印刷機の発明から始まるルターの宗教改革の時期、魔女狩り、魔女裁判が本格化した時期は十五〜六世紀と、ルネッサンスといわれる時期に重なることに気がつきました。それらの因果関係は、私には語れませんが、考えてみることは必要かも知れません。

＊

余談になりますが、フランスという国で生活していて、フランス語という言語は日本語とちょうど対極をなす言葉であると見るようになりました。フランス語が全て明晰に説明する、曖昧さを許さない左脳的な言語であるのに対して、日本語は感覚的に全てを把握する右脳的な言語といえるかと思います。先に触れた「ソルヴェ・エト・コアギュラ」のように、フランス語では物事を分析するように細かく切り裂くことが特性であり、日本語は逆にあえて全体を一つに総括することに長けている、と。

「剣は心なり」という幕末の剣客、島田虎之助の言葉があります。曖昧な表現ですが、日本人であれば、何がしかの意味を汲み取ることは可能と思われます。しかし、これをフランス語に直訳しても、フランス人には何も伝わらないでしょう。その言葉の背景なり解釈なりを細かく説明することなしには意味をなしません。

したがって、フランス人にはこう説明するとします——「美しく研ぎ澄まされ輝く剣は、日本の歴史や日本人の精神性を象徴するものである。刀鍛冶や研師による神に捧げるための魂のこもった仕事の結晶であり、使う武士たちは自らの魂の鏡とも見ていた。それを扱う技にはその人の心が現れるものであるから、その〝心〟を磨かなければならない…」。

日本語を使う日本人であればこの言葉を聞いて、とりどりな意味を自然に考え巡らし、さまざまなイメージが喚起されるところですが、フランス語に移す場合には、ここまで説明しないと伝わらないのです。

また、そう説明していくことで、「剣は心なり」という言葉は、日本人の私にも曖昧なままでなく、いろいろな意味をよりはっきりと伝えてくれることは、ご理解いただけるかと思います。曖昧さの良さももちろんあるので、その両方を行き来できれば、思考はより豊かなものになるのかも知れません。

映画のセリフをとって、もう一例、挙げてみます。

世界的な巨匠黒澤明監督は、フランスでももちろん高く評価され、人気があります。その『用心棒』（一九六一年）という作品の終わり近く、三船敏郎演じる主人公の用心棒が、刀を取りあげられ包丁一本で、敵対するヤクザたちとの斬り合いに向かおうとする場面。渡辺篤演じる棺桶屋が「そんなものでやる気か」と尋ねるのに対して用心棒は、「刺し身にしてやる」と答えます。

さて、このセリフをフランス語にするとします。文法上、主語と目的語が必須の言語ですから、「俺は、奴らを、切って、刺し身みたいに、してやる」とまで説明しなければフランス語とはなりません。ここまで具体的に説明すると、このセリフのユーモアや人物の肚の据わり具です。

逆に全てをクリアーにしていく言語の利点も当然あるわけで、フランス語は国家間の外交上の条約の締結文や契約書、科学論文には当然向いており、英語が外交上の公用語となる以前はフランス語が使われていたようです。

縁あってこちらに居を移し、剣の研究を続けながら稽古会を立ち上げ、フランス語で指導するようになったのですが、もちろん最初は大いに戸惑いました。日本では余白を大切にする文化があるように、説明なしで技を見せ、以心伝心で汲み取ろうとすることはごく自然にありますが、こちらではそうはいかず、言葉に出さないことは存在しないという文化なのです。

例えば、「このように剣を持って」と言っても始まらず、全て言葉で説明する必要のある文化なのです（結果、剣の柄のどの部分を、手のどの部分を使って、角度や、強さや感覚などを丁寧に説明していくことに）。

というわけで、私はそれまで無意識になんとなく行なっていた全ての行為を、フランス語という言語で説明すべく、分析していくことになりました。その結果、動きの感覚が変わったと言いますか、以前と全く同じことを行なっていても、フランス語の感覚で捉えたうえで行なうと全く別物になったような気がしました。全ての動きに左脳の働きがより加わるためか、無意識に行なっていたことを意識の俎上に載せやすく、また言語の力を借りることで客観視でき、したがって磨きもかけやすい、と。

また、日本と西洋の文化の優劣を語るのは全くの愚でしかありませんが、西洋の言語を学ぶことで、別の視点を得られ、感覚の偏りが是正され、より豊かなものになるのではないでしょうか。

今後、ＡＩが発達し、翻訳機能がより便利になると苦労して外国語を学ぶ人は少なくなるのかも知れませんが、自分の文化を見つめ直し深める意味でも有効なことと考えます。

左上）仏語能『メデア』（2023年６月、パリ）© Maxime Pierre　下）「淡墨桜」〜岐阜県本巣市にある樹齢1500年以上の古木　右上）「エクサン・プロヴァンスの松毬」〜「黄金螺旋」が見られる　下）「の目貫」

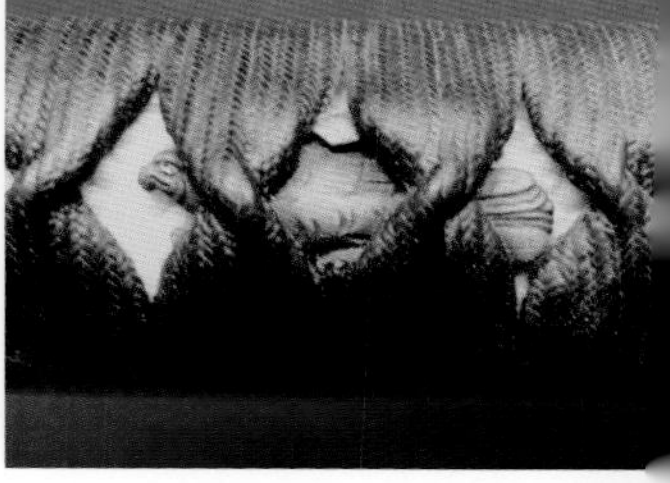

第二部　稽古・実践編

身体技法と空間の修め方

第一部では、剣術稽古の思想的背景に関わる神話や伝説、あるいは神秘思想等の言説を断片的ながら紹介してきましたが、ここからは稽古の実際について、私自身の体験やエピソードを交えてお話ししていきたいと思います。

すでに何度か触れたように、剣術に限らず一般に行なわれる形稽古《かたげいこ》では、ひたすら形《かた》を繰り返すことによって、身体を形に馴染ませるように行なわれるものです。そして、形に心を入れていくことが修行者の道になるともいえます。

そうした稽古法に異論を挟むわけではありませんが、ごく一部の才能に恵まれた修行者なら時を経て本質的な動きと技を体現できるかも知れませんが、ともすると逆にその鋳形に囚われてしまい、申しわけ程度に形を演じるだけに終始してしまうことになりかねません。

ここでいう本質とは、剣術であれば、その流祖である剣聖が多くの斬り合いなどの実戦体験から導き出した「理」をコード化した「形《かた》」を身体を通して解読し、それを演じることで新たに形へと命を吹き込むこと、といえるでしょうか。自ずと流祖の求めた姿がそこにはうつるはずです。言い換えれば、剣を持った数人の敵に囲まれたとしても、動ぜずに切り抜けることの可能な自由な心と身体を実現し、形を演じるということでしょうか。

もちろん現代において、こうした場面はあり得ないでしょう。しかし、いかなる状況においても、なにものにも囚われることなく、絶対的に自由に働く心身とは、かけがえのないものではないでしょうか。さらに言えば、そんな何事にも囚われない自由な心身でいると、自然に危機的な状況から免れている、逆に言えば、何かに必要以上に囚われる心と身体がかえって危機を生むということなのかも知れません。

他方、形を漫然と繰り返すだけでは、なかなか辿り着くことが難しい領域へと導いてくれる、いわゆる「極意」「秘伝」があります。それらには古来の文書や口伝により伝わるものと、修行者が霊感によって得る「閃き」から来るものがあります。一流を拓いた剣客の多くは、瞑想や霊夢の中での天狗や神仏などの教えにより「理」を悟ったと語っています。その「理」は身体を通し、体感から得るものなので、言葉では伝えることが難しく、それゆえ「極意、秘伝」となっている面もあります。

ここでは、私が師や先人からの口伝や、私自身、技をかけられることを通して教えを受けたことに加え、さらに自らが霊感として得たことを言葉にしてみようとするものです。

武道経験のない方には、わけのわからない箇所も出てくるかも知れませんが、身体と空間をめぐる〝一連の詩〟とでも捉え、気軽に触れていただけたら幸いです。

武道の世界では、「教わったものは使えない、自分で得たものこそが使いものになる」とよくいわれますが、私もそれは実感しています。

私がこの道を辿ってきた上でうつす古の剣の技（それは一種のアートといっていいものと思いますが）と、それを支える「理」も一種の「詩」のように味わっていただけたらと思います。その極意としては、上泉伊勢守信綱と宮本武蔵という、剣術大成期に光と影の如くに双璧をなす二人の剣聖の秘技、それを支える「理」を取り上げました（二人の生きた時期は少しずれがありますが、その思想、スタイルという意味でこう表現しました）。

それにしても、剣の核となる「理」を想うとき、かくも深く宇宙の構造をうつす美しいものなのかと、私の心と魂の震えはやみません。皆さんとそれを分かち合えることは、何よりの喜びです。

1　稽古の基本

礼　法　「正座」の美

礼に始まり、礼に終わる、といわれる武道。まずは、礼法からです。

今日では、武道のみならず、茶道、花道や伝統芸能の世界では「正座」での礼がなされていますが、これが本格的に取り入れられたのは意外に遅く、江戸期に入ってからのようです。それ以前は、片膝を立てた座法や、安坐《あんざ》または胡坐《こざ》といわれる「あぐら」が一般的だったようです。確かに、戦国武将などの肖像画の多くは、この座法をしています。また、能楽で面と衣装を着けて役を演じるときは、多くは立て膝で座り、古流の居合《いあい》も、これで行ないます。現代では、刀剣の研師《とぎし》が作業する姿勢などに見ることが出来ます。

能の地謡といわれるコーラス隊は現代では正座ですが、戦国期以前の様子が窺える絵図によると、あぐらで描かれています（現代の能楽でいわれる安坐はあぐらとは少し異なり、あぐらと正座の中間のような、右か左の踵の上に腰を下ろし、反対の足を少し前に出した座りを言います）。居合においても江戸期以降は正座が導入され、それが一般的な居合道となっていきました。

また、貴人座と言われる、平安時代の貴人の肖像に見られる、両足の裏を合わせた座りもあります。

江戸期に正座が多く取り入れられた理由として、戦乱の時代を終わらせ平和な時代を築くために幕府は戦の専門家である武士を管理する、悪く言えば、飼い慣らす必要があったとも考えられます。

想い起こせば、小・中学生時代に宿題を忘れたりすると、先生から正座を強要される（椅子の上で）ことなどがありましたが、はっきり言うと、これは罰を受けている服従の姿勢なのです。実際に、長く座っていると足は痺れてしまい、慣れない場合すぐに立ち上がって動くことすら難しいこともあります。将軍の前で侍たちは正座を強いられ、いざ反乱を起こそうにも足が痺れてままならない…、そのような事情で生まれた文化なのかも知れません。

イスラム教や仏教の「五体投地」という礼拝、つまり神仏の前で膝を着き、身体を折る姿と共通するものもあるように思えます。とはいえ、この座法は単なる服従のポーズではなく、もちろん大きな利点もあります。

例えば、正座はヨガにおいてヴァジュラアーサナ（金剛座と訳される）と呼ばれる座り方とほぼ同じです。ヴァジュラ（vajra）とはサンスクリット語でダイヤモンド、あるいは「雷電」を意味し、アーサナ（asana）は坐法のことです。「ダイヤモンドのように透明で固く、雷電のような姿勢」、私はこれは天地間を走るエネルギーの象徴で、身体のエネルギー（気）を高める姿勢と捉えてよいと思っています。また、ヴァジュラ＝雷電はヒンドゥー教のインドラ神の武器であり、その影響もあるのでしょうか、ギリシャ神話のゼウス神、ローマ神話のジュピター神の武器でもあります。余談ですが、パリのルーブル美術館を訪ねると、ヴァジュラを手にしたジュピター神の大理石の像が迎えてくれます。

古代、神々は天地の間を走る閃光を武器としました。また、転じてそれは密教では煩悩を破壊する法具となりました。真言宗を日本にもたらした空海や、立川流という一派を信仰した後醍醐天皇がその肖像画で手にしているのが、ヴァジュラ（金剛杵《こんごうしょ》と訳される）です。

正座をもって礼を始める今日的な意味は、

「弘法大師空海像」

「ジュピター像」

自分自身を律して、原初よりの道という大きな流れの伝統、それを創造し工夫を重ねて伝えた先人たち、さらにはその土壌として育む天地自然、宇宙に対し、謙虚に膝を屈することであると思います。その流れに入ることへの許しを請う礼なのですから。また、その姿勢は身体の気を高め、天地間にそれを通すことを助けてくれます。身体自体が雷電のようになっていくわけです。もちろん象徴的な表現であり、触れたら感電するというようなことではなく、天地に向けて気（ここでは意識といっても構いません）の流れる身体ということです。

　そのためには、まず何より、「身体の垂直性」を実現させることが必要です（これは私が通常フランス語で説明している言葉 realiser la verticalité を直訳したもの）。分かりやすくいうと、方位磁石が常に北を指すように、常に身体が重力に引かれている方向を感じ、その反対、つまり天のほうに頭頂部（ここには百会《ひやくえ》というツボがある）が吊られているような意識を常に持つようにすることです。自ずと背筋の意識は真っ直ぐ一本になります。座っていてもマリオネットのように天に吊られている、立ち上がるときもその操りの糸によって吊られるようになされます。

　私はよく「重力との対話」という表現を使うのですが、この大きな天地間の力を意識し、それになるべく逆らわずに、逆にそれに乗って動くようにすると、身体の動きの質が全く変わってくるのを実感することができます。何より余計な力を使わなくていいため、どんどん力が抜け、力まずに立居ができるようになってきます。

＊

そもそも私の身体表現者としての修行は、能楽から始まりました。武道に関しては、それ以前、中学時代に柔道を経験し、高校の時は、高段者であった叔父について空手の手ほどきを受けていましたが。

大学では東洋哲学を専攻することになったのですが、私は、東洋の思想というものは、言葉のみで追えるものでなく、身体を通してこそ求められると思い、伝えられるさまざまな体系の中から能を選び、稽古を始めました。続けるうちに、日本文化の中でも特異といえるであろう世界にどっぷりと浸かってしまい、どうせ続けるならもっと極めていきたいと思うようになりました。ご縁のあった師に内弟子入りを願い、師は受け入れてくれました。縁とは、私が師の舞台を観て、そのパフォーマンスを体感し、魂の震えるような体験を得たことです。大学を中退して選んだ道でした。

内弟子修行はまず、舞台の掃除、公演や稽古の準備、師匠の着替えなど、身の周りのお世話をしながら、舞台作りの仕事のいろはを身につけていくことから始まりました。最初から師に稽古をつけていただくということはなく、当分の間はその稽古を側《そば》で見て、肌で感じ、身体で見取るということになります。

そして、その間、ずうっと正座をしていなくてはなりません。「微動だにするな」と師に言われたものでした。それが、二時間三時間続くことは当たり前で、下手をすると一日中続くこともありました。

当時、慣れない私にしてみれば、当然足は痺れるし痛いし、いざというときに立てないし、本当に辛く情けない思いをしたものです。「我慢したらこんな効果がありますよ…」などといった説明もなく、有無を言わせぬまさに「躾《しつけ》」です。今から考えると愚かな話ですが、当時は、こんなことになんの意味があるんだろう、封建的な躾で全く無意味ではないか、などと感じていました。とはいえ、師匠や先輩方の悠然とした正座の美しい姿に憧れていたのも事実です。

「習うより慣れろ」とはよく言ったもので、なんとか続けるうちに、自然と力が抜けて、身体の中心線が出来てきたのでしょうか、少しずつ楽に正座ができるようになっていきました。

今ではこの姿勢をとると気持ちがよく、短い時間黙想するように正座をするだけで、身体のリラックスと集中を強めることができますから、躾というものは何ともありがたいものだ、とも感じています。

現在、海外で指導するときには、このことの利点をよく説明して参加者全員に試してもらっています。多くが椅子に腰掛ける文化の方ですから、正座はほとんど初めての体験で、最初は痛い思いに苦しむことになりますが、概ね興味をもって取り組んでくれています。

日常生活の中では全く行なうことのない体勢ですから、エキゾチックな魅力を感じられる方もおられるようです（現代の日本もほとんど変わらないかも知れませんが）。その際、L’initiation à la japonaise（仏語＝イニスィアスィオン・ア・ラ・ジャポネーズ）、Japanese Initiation（英語＝ジャパニーズ・イニシエーション）などと説明すると、軽い冗談として笑ってくれます。「日本の通過儀礼」とでも訳せるでしょうか。少年が成人になるとき、ある試練を課される（「バンジージャンプ」などが有名ですね）。また、秘密結社に入会するときの試練の儀式などのイメージが重なります。

しかし、本当に正座に慣れるということは、「道」に入るに際しての、実によくできた通過儀礼であると今は実感しています。

ともあれ、江戸初期以前の剣術の稽古では、どのような姿勢で礼を行なっていたか、今日では想像するしかありませんが、あるいはあぐらや片膝、または普通に立って、立礼で行なっていたのかも知れません。

ある時、知り合いのお茶の先生に「千利休は正座でお茶を点《た》てていたのでしょうか」と尋ねたところ、正座以外でのお点前など考えも及ばなかったようで、

「千利休像」（長谷川等伯画）

かえって非常に驚かれてしまったことがあります。長谷川等伯による利休晩年の肖像画をみると、その姿はあぐらのようです（私には能の安坐に近いように見えますが）。

かくして戦国武将や茶人がどのように座ってお茶を点てていたか、想像してみることも悪くありません。私自身、茶道は嗜みませんが、お茶は好きで、自分で点てることもあります。その場合、個人的には古流の居合のような片膝立ちか、利休の肖像画のような安坐がしっくりきて、お茶を点てやすいように感じます。人によって身体のつくりや性格も違いますから、座法の好みも人それぞれでしょうし、お茶に限らずさまざまな座法で試してみることも面白いのではないかと思います（時と場所を選ばないと「お行儀悪い」と叱られかねないので、その辺は気をつけながら）。

その上で、また正座に戻ることで、その利点や特徴がよく見え、より豊かな正座になるはずです。強制されて何も考えずに受け入れるのもひとつの稽古のありようかも知れませんが、自分の身体を通してその内実をよく知り、自ら選ぶことが肝要なのではないでしょうか。

私はこのほうが自然であり、その体と用（形と働き）も上がると考えています。自らを一度形にはめて、それを超えていく。そこにはある種の苦しみや戸惑いもありますが、それがないと何事も生まれませんね。

私といえば、自らの剣の一振りが、古代の神々の一打ちのような、天地の間を一瞬に閃く雷電のようにあってほしいと願い、正座で礼をし、稽古を続けています。

黙想　遍在する意識

正座で礼をする前に、まず黙想をし、心身統一への準備を行ないます。

座禅のように両眼は半眼にするか、または閉じても構いません。両手は掌を上に重ね、両親指を軽く合わせて楕円をつくるように組み、臍下に置きます。これは法界定印《ほつかいじよういん》と呼ばれるよく見られるものですが、一般的には左手を上にすることが多いようです。試しに、左手を上に組む時と、逆に右手を上に組む時と、身体の状態の違いを観察してみてください。私自身は左手を上に重ねた印のほうがより身体が安定するように感じられます。

毎回、初心者にはこの違いを感じてもらうのですが、ほとんどの人は、左利き右利きや人種に関係なく、左手を上にしたほうに安定を感じるようです。同様に、神社参拝などで合掌するときにも、左手をほんの少し出して右手を引くのですが、このほうが身体全体のバランスが整うように感じます。ぜひ、皆さんも試してみて、身体を通して違いを感じていただけたらと思います。

こうして、身体というミクロコスモスとの対話が始まるのです。また、このことはヒダリは火、日の陽であり、ミギは水であり、陰を表し、日本の伝統文化では概ね左を先にすることとの繋がりもあるように思います。とはいえ、常に逆もまた真、右手を上にすることがいけないということはありませんし、実際にそうしている場合もあります。

正座の法界定印が取れたら「黙想」に入ります。これはいろいろな仕方が考えられますが、私が初心者に教えている方法を紹介します。

まずは、身体の各部に意識を張り巡らしていきます。頭頂部の百会《ひゃくえ》（というツボ）は天に釣られ、背筋は真っ直ぐに、身体を大地に引かれる重力を感じながら。両足、脛、大腿部、踵に乗る臀部、股関節と腰回り、両肩等を、力を抜き下げるなど、全身をスキャンするように意識していきます。特に普段余り意識することのない背中側は特に重要になります。左右の肩甲骨、首の後ろの筋、背骨の下部にある仙骨は立てるように（…と説明しても分かりにくいとは思いますが、続けていると自ずとできるようになってきます）。

この黙想法は、そのまま剣術の極意に繋がります。

江戸初期の禅僧、沢庵が将軍家指南役の柳生宗矩に禅になぞらえて剣の極意を伝えた『不動智神妙録《ふどうちしんみょうろく》』という書の中で、こう語っています。

> （心を）右の手に置けば、右の手に取られて身の用欠けるなり。心を眼に置けば、眼に取られて、身の用かけ申し候。右の足に心を置けば、右の足に心を取られて、身の用欠けるなり。何処なりとも、一所に心を置けば、余の方の用は皆欠けるなり。しからば則ち心を何処に置くべきぞ。我答えて曰く、何処にも置かねば、我が身一ぱいに行き渡て、全体に延びひろごりてある程に、手のいる時は手の用を叶え。足のいる時は足の用を叶え。目のいる時は、

目の用を叶え、其入る所々に行き渡てある程に、そのいる所々の用を叶うるなり。

際限なく心は止まらないと説いているのですね。さらに「心をば何処にも止めぬが、肝要なり。何処にも置かねばば、何処にもあるぞ」と、結んでいます。つまりは身体の各部分に心をめぐらしておくと、心はその全てに行き渡っているということです。無心ということは、心が無いと書きますが、存在しないわけでなく、高速であらゆるところを廻っているために何処にも存在しながら、誰にも捉えられないということなのです。

心は偏在せずに、遍在させる（かたよることなくあまねくゆきわたる）。

このような意識の遍在する身体というものは、どんな状況下でも自在な働きができるもので、そこに行く第一段階としてこの黙想を行なうのです。そして、さらにはマクロコスモスである自らを取り巻く空間に対しても意識を置く瞑想も行なっていきます。

座礼　三位の祈り

いよいよ礼ですが、全員で道場の正面（歴史編で述べたように伝統的には北向き）に礼をし、次に指導者と生徒の間で互いに礼をします。お互いに立てた垂直性（「軸」「柱」ともいえる）を基に、天に向かう力を緩めることなく（身体を一本にしたまま）、鼠蹊部《そけいぶ》を緩め、身体を倒していきます。それに伴い、膝と腰の間の大腿部にあった両手が自然に動きます。

陽である左手が隠の右手に先行しますが、ここで大切なことは、手から動くのではなく、まず身体の土台となる腰から動いているわけです。これは剣を扱う動作に繋がり、常に臍下丹田《せいかたんでん》といわれる肚《はら》と腰を中心として動くことが要求されます。そうすることで、腕の力でなく全身を強調させて生む力を剣に乗せることができます。座ることも礼をすることも、まさに剣で「打つ」動きそのものなのです。

身体を倒すことで滑るように動いた両手は、床の上、ちょうど額がつくであろう位置に三角形を形作ります。別に書いたとおり、「天冠」と呼ばれる死者の額に付ける三角形の布と同じ位置になります（流派によって多少の違いはありますが、概ねこのようにです）。古来、女性は三つ指をつき、礼をしましたが、侍の芸である剣術では男女ともに三角を造ります。このとき、視線は動かさず、どこにも集中させずに、目に入る空間の全てを観るようにします。一分の隙もなく、礼をしている最中にも不意の攻撃などに対処できる意識で身体を操ります。

三角形を作ることは、別項（歴史篇の「三角の教え」）で触れたように、日本文化に見られるトリニティの意味が込められているように思われます。また、修行者として私が実際に剣を取り身体を練っていくと、そうした構えや立ち姿が幾何学的によく三角形を成すことに気づきました。骨格が道具を使い、自然に力が抜けて無理なく立てるようになると、自然に三角になるのでしょうか。

また、和服は直線的に裁断されているため、着物を着ているときなどより顕著になります。居合術などで座る姿も練れていくと自然と三角形に近づくように思われます。

この図形には、何か修行者の指標となるものを感じます。

礼法とは、自身と天と地の三位、あるいは自らと師や弟子などの同行者、そして共に有する空間の三位、または先人の技を今受け継ぎ、未来に伝える、過去・現在・未来の三位の調和を願う祈りともいえるのではないでしょうか。

居合座

手ほどき　重力に乗る

今日、学問や技芸、仕事の上などで初歩的なことを教える、入門の道筋をつけるという意味で使われる「手ほどき」という言葉は、元々は武道、特に柔術、剣術の用語でした。

古来、道場では入門者に「手ほどき」というメソッドから稽古を始めたことによります。これは文字通り、相手に取られた手をほどく技術です。例えば、刀を抜こうとするとき、相手はその手を掴んで動きを封じようとする場面などを想像してみてください。術者はその手を振りほどいて応じる必要があります。

このように現実に則した状況を設定しての稽古とも見られますが、これは歴史編で見たように、「手《て》乞《ご》い」といわれる古代の相撲に由来するものといわれています。古事記の国譲りの神話に見られる手乞いについては前述しました。

では、「手ほどき」の実際を見ていきましょう。

まず、相手に取られる手は、自分の右手か左手ですが、それを相手は右か左かどちらの手で取るのか、また片手でか両手で取るか、いろいろな状況が考えられます。合気道では、これを体系化し、自分の右手を向かい合う相手の右手、自分の左手を相手の左手で取られる場合、「合半身《あいはんみ》」と呼び、逆にこちらに右手を相手の左手、左手を相手の右手で取られる場合は「逆半身《ぎゃくはんみ》」と呼んでいます。また、片手を片手で取られる場合、片手を相手の両手で取られる場合、あるいは両手を相手の両手で取られる状況もあるわけです。ここでは、分かりやすく右手を右手で取られる合半身の「片手取り」で見てみます［次頁、写真］。

相手はこちらの手を掴み、動きを封じようとします。それに対してむやみに力で対抗して振り解こうとしても、よほど体格や力の差がない限り埒があくものではありません。試してみれば分かりますが、力の強いものに利があることは間違いありません。同程度の体格なら引っ張り合い

手ほどきの一例

1

2

3

になってしまうでしょう。

ここに、剣の術を加えます。神話に登場する建御雷神《たけみかづちのかみ》の手が氷か剣のように変わったという話を思い出してください。手と腕を文字通り剣のように使うのです。つまりは手の指を真っ直ぐに伸ばし、肘を鍔元《つばもと》とすると、中指の先を切先とし、剣と見立てます。

このとき小指側にくる前腕の骨を解剖学では「尺骨《しゃっこつ》」、親指側の骨を「橈骨《とうこつ》」という名がつけられています。この二つの骨を意識的に刀の刃と峰のように扱っていきます。

余談になりますが、この尺骨はフランス語ではキュビテュス（Cubitus）と称し、ラテン語由来のこの言葉は古代ローマ以前において、長さの単位であるキュビットに由来します。伸ばした手の中指の先から肘までを目安として長さを測っていたわけで、ローマ時代には1キュビットは44・4センチだったそうですが、私自身、自分の腕を測ると、なるほど45センチ弱でした。この単位は旧約聖書でも使われていて、ノアの方舟や契約の箱、祭壇や幕屋の大きさを示す単位となっています。

一例に、若き日のダヴィデ王が倒した巨人ゴリ

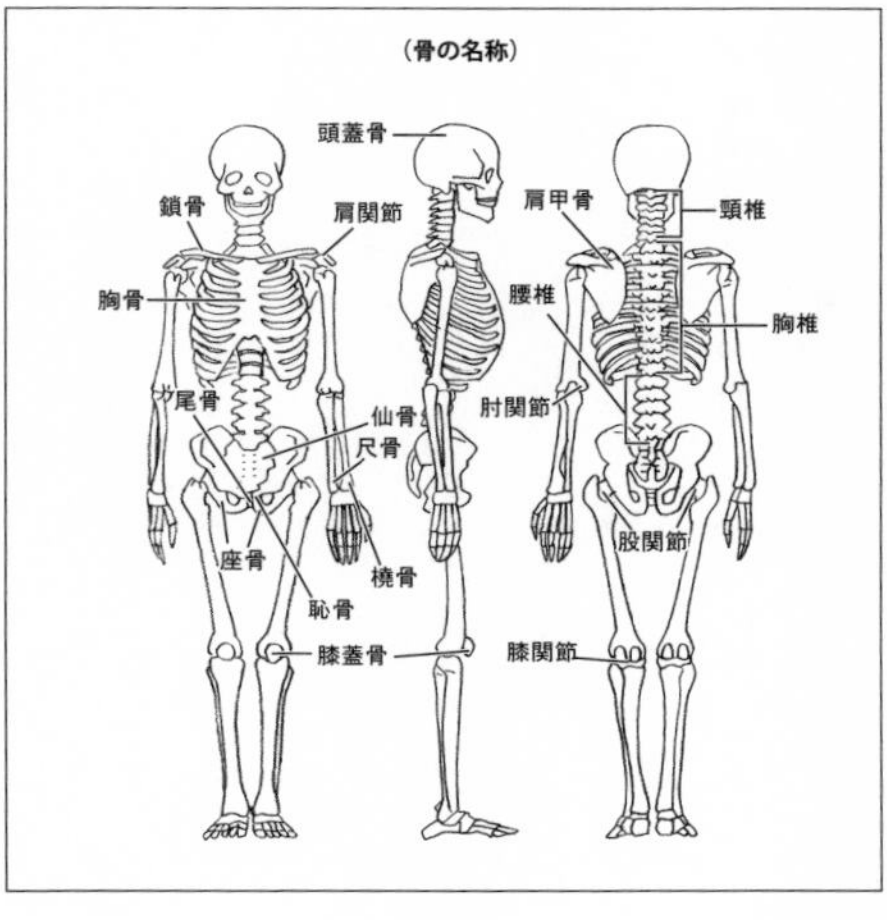

人体図

アテの身長は6キュビット半ということで、1キュビットを44・4センチとしたなら、290センチ弱となります。そんな巨人が本当に存在したのかも知れませんね。

かくして測るということは、空間を切り取る行為でもあり、腕を刃とする象徴とも近しいように思えます。それ故に、日本語でも「尺」の骨となっているわけです。

*

さて、この手刀で相手の掴みを切っていくわけですが、効率的に力を刃に集中させるために、まずは切る場所を定めなければなりません。掴むときの手の形はどうなっているでしょうか。当然、親指と残りの指（特に人差し指）で、円（腕を掴むのであれば楕円になる）を描くようになるはずです。この円のジョイントにあたる親指と人差し指の間を定めて切っていくことで、相手の力にぶつからず手を解《ほど》くことが叶います。

さらに腕の構造を有効に利用し、梃子の原理を使います。

肘を大地に引かれる力、重力に沿って真下に落とすことで前腕は自然に外転（掌が上を向く方向へ）します。このとき、こちらの尺骨が相手の親指と人差し指先の間の反対側の根本にある母指球と人差し指の付け根の間に近づきます。この水かきのある場所には、東洋医学でいう「合《ごう》谷《こく》」（または「虎口《ここう》」とも）のツボがあり、そこに尺骨を当てながら支点とします（正確には、人差し指の付け根のあたり）。落とした肘を力点（重力を使った）とすると、自然に橈骨が作用点となり、相手の掴みのジョイントを切ることができます。ここでは、重力に従い腕が剣として働くため、全く力を加える必要はありません。

右手に対して右手で行なう場合を見てみましたが、これは単に基礎にすぎず、実際の手ほどきにはさまざまな様相が加わり、そう簡単にいかない場合もあり得ますが、この原理から、剣という道具――私は人類が創造した全ての道具を代表するシンボルであると捉えています――を使いこなすための枢要かつ基礎的なエレメントを学ぶことができます。

重力に乗って、身体の重要なポイント（ここでは肘）を動かす、腕を回転させる。

まずは、自らの身体の構造、骨格をよく知る。そして、それを有効に使うには、空間を支配する力、重力をよく聴き（感じ）、それに応じて動く必要があるということです。

自然体　腕を道具に変える

手と腕を剣として使う「手ほどき」についてお話ししましたが、さらに深く、どのように手を「剣」に変えるか、見ていきましょう。ここでも、身体と空間という二つの宇宙を意識することによって行なっていきます。ある種の瞑想です。

ぜひ、みなさんも試してみてください。

最初に、何も考えず、普段のように立ってみてください。左手から意識を使うことを始めます。まず手の力を抜き、各指、親指から人差し指・中指・薬指・小指と順に意識を集中させ、単にその重みを感じてください。通常は意識せず日常を過ごしていますが、地に引かれる力を感じながら各指の重みをゆっくりと感じていきます。慣れないうちは各指を少し動かしてみると感じやすいかもしれません。時間は特に決めませんが、慣れてくると、瞬時に重みを感じることができます。最初は各指に五秒ほどかけてみるといいでしょう。

次に、手全体の重みを感じます。手の指というのは、根本の第三関節から始まっているわけでなく、骨格上は手首に繋がる「中手骨《ちゅうしゅこつ》」という骨が指のように五本に分かれています。剣をとるときはこの中手骨も指として使います（つまり手のひら自体も指の如くに）、この各中手骨の重みを感じていくのもいいでしょう。そして、左手全体の重量をゆっくりと感じます。

次に肘から先の前腕部分です。手ほどきでみてきた尺骨と橈骨の二つの骨の重さを順番によく感じてください。内側にある橈骨の重み、外側の尺骨の重み、大地に引かれる力をよーく感じます。そして、筋肉や血液も含めた前腕自体の重さをじっくりと感じてください。さらには、意識を上腕に移します。上腕骨という骨の重み、そして上腕部分全体の重み。

最後に、左手、左腕全体の重さをじっくりと感じてください。
いかがでしょうか。意識を使っていない右腕と比べると、違いがはっきり分かるかと思います。

左腕がより重く感じられ、その存在がよりはっきり感じられるのではないでしょうか。さらにはその周りの空間もより意識でき、自らに近しいものになっているかも知れません。

ここで、鏡にうつして身体を見てください。左腕のほうが右腕より長くなっていませんか。また、左肩は下がり、右より撫肩になっていませんか。

左半身のほうがより安定するように感じられるかも知れません。勿論この先、同じことを右手、右腕で行ない、両腕の重みを同時に具体化するわけです。

日常生活においてはほとんど忘れている重力の影響を感じるだけで、腕は重く存在感を増し、肩が下がって身体の重心はより安定するようになります（これは臍下《せいか》丹田《たんでん》の充実にも繋がる）。こうして地に足がついた状態へと誘うことになり、肩が下がると横隔膜も下げやすく、自然に呼吸も深いものとなり、深い呼吸は精神の安定にも繋がります。

さまざまな機会に私はこのメソッドをみなさんに提供していますが、人種・年齢（五〜六歳の子供でも）・性別にかかわらず、ほとんどの方はこの効果に驚かれます。

剣という道具を使う際に手が重いということは、その重みを使ってより大きな力を打ちに乗せることを可能にします。また腕が長いということは、より遠くを切ることができるわけです。「手ほどき」の技をするにしても、腕という道具は重いほうが有効であることは明らかです。剣や武術の達人を古来「手だれ」と呼んだわけはこのような事情からではないかと思っています。重力に逆らわずよく力が抜け、練られた身体では手が長く垂れていた、と。

この身体（意識を使い重力に支配された空間において適応した身体）は、日常生活の手や道具を使うあらゆる場面で有効です。例えば、包丁を使って料理をするときなど腕の重さを有効に使えば無理せずに食材を切ることができます。雑巾や掃除機を使うにしても同様です。

さらにはあらゆる道具を使う技芸にも通用します。

例えば、ピアノを奏でる場面で、腕の重みを有効に使えるほうが、自然に演奏できることは容易に想像できるでしょう。実際、往年の大ピアニスト、ウラジミール・ホロヴィッツやチェリストのパブロ・カザルスの写真を見たとき、その肩が落ち、手が垂れた姿に、剣の達人そのものではないか、と感嘆した覚えがあります。

創造という行為に使われる全ての道具の象徴である剣は、身体と空間という二つの宇宙とを結ぶ媒体であり、それに命を吹き込むものは使う人そのものなのです。

さて、立って腕の重みを感じ、身体を安定させたところで、もう一つ別の意識を加えます。

重い手の両指を軽く伸ばし、各指がずっと伸びて、

若きホロヴィッツ

左右五本ずつの十本のロープのように、大地に根を下ろすようなイメージを持ってください。指から、スパイダーマンのように糸が出る、レーザービームを放つ、各指が十匹の蛇のようになって伸びていく…といったような、お好きなイメージでも構いません。それが碇を下ろすように大地に刺さります。じっくりイメージしてみてください。

どうでしょうか。少し大地に吸い付くような感覚がありませんか。また、前項で見た百会のツボは天につられたイメージも加えると、身体が安定したまま、すーっと伸びるように感じられるかもしれません。

この意識が機能している姿勢は、安定感が増し、少し押されても身体は垂直に保てますし、手を取られることがあっても簡単に姿勢は崩れません。

武道でいうところの自然体とは、単に力を抜いて立った状態ではなく、このように身体が有機的に大地、空間と意識により繋がったものを言うのです。

立つ　湧泉のツボと丹田

二足で直立歩行する生物は人間だけのようです。確かに鳥類や一部の哺乳類も二足歩行をしますが、直立ではありませんね。この直立二足歩行こそ、人を人たらしめているアイデンティティの一つといっても過言ではないでしょう。二足歩行ゆえに、両手が自由になり、その結果、道具を微細に使うことを得て、文化を創りあげてきたわけですから。

この人間にとって枢要な行ないといえる直立と歩行について深く見つめる機会はあるでしょうか。日常的に余りに何気なく行なっているため、ほとんど気にかけず無意識に行なっているという方がほとんどではないでしょうか。

禅では、坐禅の他に「歩行禅」といわれる、歩くという行為を内観していく瞑想法があるように、この直立と歩行を根本から見つめ直し、再構築していくことを剣術でも行ないます。剣の刃をもって、自らの人生を歩むことの核である行為を切り刻み、改変していくことは、より良い道を切り開くことにつながるはずです。

科学 Science の語源はラテン語の Sciendere「切る」で、物事を分けていくこと、つまりは分析こそが科学の元です。ダーウィン進化論の真偽は私にはなんとも言えませんが、この身体を通して行なう考察は、我々の先祖たちが直立し歩行するということを発明した黎明の営みを振り返ることであり、とりもなおさず人間存在そのものを見つめ直すことになるのではないでしょうか。

*

さて、あらゆる身体運動の核となる「二本の足で立つ」という行為ですが、良い立ち方というものは存在するのか、あるとすればどのように立つことなのか、あるいは立ち方に上手い下手はあるのかなどと問われることはあまりないように思えます。とはいえ、これも一種の身体運動であるゆえ上手い下手はあるはずで、そのクォリティが後の全ての運動の良し悪しを決めるとも考えられます。

良い「立ち」とは才能によるもので、ある種ブラックボックスなのかも知れませんが、私は出来ればそこに理論を見出し、誰でも優れた立ち方ができるように探求してきました。そしてまた、優れた立ち姿を求めるのが道であれば、人間の営みである以上、そこに完成も終わりもなく、ひたすら錬磨していくべきものでしょう。

立つこととは、身体を使って空間でなされることですから、いわば身体と空間の対話の基本にほかなりません。これまで見てきたように、まさに重力を聴きながら、意識を全身や空間に張り巡らしながら行なうことです。それをさらに見ていきましょう。

「幼い赤子が初めて立ったときのような立ち方」——宮本武蔵はこれを剣を使うに理想の「立ち」であると語ったとされます。つまりは、身体の状態を微妙にコントロールしながら最小限の力でバランスをぎりぎりに取りながら立つといったところでしょうか。

また、若き日の著作『円明流剣法書』の中で、「構え」について言及し、「身なりろくに（まっすぐに）…、たとえばそらより縄にてつりさげたるものと心にあるべきなり」とあります。これは前項で見たような、糸操り人形のように天に吊られた意識のことですが、このことは意識が天に向かい、力が抜けた姿ということで共通します。力のない赤子は正確に重力を感じ、その反作用のベクトルに合わせて頭頂部を持ってこないと立ち上がることは無理でしょう。

そもそも立ち上がるという行為は、「地から天に向かう」という強い思いがあってのもので、そこには大きな意志があるはずです。私には残念ながら、幼少時に初めて立てたときの記憶はありませんが、その内なる喜びはどうだったでしょうか。自転車に初めて乗れたときの胸のすくような喜びはよく覚えているものですが、初めて立つことができた感激は、その比ではないように想像します。

日常生活では普通に立ち上がりますが、病気や怪我でしばらく寝たきりになった状態を考えると、治癒して久しぶりに立てたときの感覚はどのようなものでしょうか。私も膝を骨折し、二〜三ヶ月歩けなかったことがありますが、ある程度回復し、以前のように真っ直ぐ立てたときの喜びはまた格別のもので、忘れ難い経験になっています。確かに、失ってこそその素晴らしさ、尊さを知るということはあるものなのでしょう。

稽古のときはもちろん、出来れば毎回立ち上がるときにある喜びを持って行なえたら、より人間としての生は充実するようにも思えます。

さて、剣で要求される立ち方とは、いかなるときも何かがあればたちどころに反応し、自在に動ける状態ともいえますから、確かに最小限の力を使った状態というのは理に叶っています。アイドリング状態ともいえるでしょうか。つまりは、立つことに余計な力を使わないように、可能な限り脱力していくことです。

必要最小限の筋力で立つには、前述したようにバランスを取るように点で立つということが考えられます。バレエダンサーの立ち方を見てください。バレエでは爪先ですが、実際には足の裏のさまざまな点を使って立つことが可能なのです。私は「湧泉で立つ」ということを基本に考えています。

「湧泉」とは足の裏の中心、爪先に近い土踏まずにある東洋医学のツボで、先に述べた、磔刑のキリスト像が杭を打たれている足の部分にあります。この湧泉で立つ感覚を試していただきたいのですが、通常通りに立ってから足の指を全て少し浮かせます。同時に両踵を軽く浮かせてみてください。さらに両足の小指側を少しだけ浮かせて重心を内側に集中させます。二点で立つ感覚がお分かりいただけたでしょうか。人によっては、身体の中を一本の線がすっと通るように感じられる方もいるかもしれません。

そういえば、日本の伝統的な履き物（足袋、草履、下駄）がこの湧泉を刺激するように出来ていることに気づかされたことがあります。さらには、足中草履《あしなかぞうり》という短く、踵まで届かない草履もあり、鎌倉時代の武士はこれを通常履いていたそうです。彼らは、爪先重心で立ち、爪先で歩いていたのでしょうか。

クラシックバレエでは、ポワント（フランス語で爪先）で立ち、歩きますが、私は剣の足をフランス語で説明するときはドゥミ・ポワント（demi pointe「半爪先」と訳せるでしょうか）で立ち歩く、とします。もちろんこれは基本にすぎず、結局は踵やそれ以外の点で立つ、歩くことも行なうのですが。

このように点で立つと身体に軸を立てやすく、回転運動をもって行なう古流の剣術や柔術、合気道では必須になります。また、回転運動のみならず、軸を切り替えることにより、大地の力（重力）を剣などの道具や腕に効率的に伝え、扱うことが可能になります。

その、いわゆる「半爪先」で立つ場合、踵は少し浮かせるか、わずかに地につけるような感覚となり、これを剣術では「踵と床に紙一枚が通るくらいに」と表現することもあります。

*

また、ここで試していただきたいのですが、身体を支える重心を両足を爪先側に置いて立ってみて、次に踵に置いて立ってみてください。同じことを別の説明で、最初は踵を浮かせて立ち、次に踵を下ろし、今度は爪先を浮かせます。この動作で身体の重心が動くわけですから、身体の内部での「揺れ」があるはずです。それを感じることができるでしょうか。

身体を大きな水袋のように捉えてみてください（実際に身体の六〇パーセント程度は水分だそうです）。例えば、五〇キログラムの樽に入ったお酒を揺らすと想像してください。大きなエネルギーのうねりが生まれますね。

これが感じられたら、さらにこのうねりを、運河を通すように身体を通して上体から手の先まで流せるようにしていきます。また、この爪先と踵の重心移動（ここでは右足でも左足でもどちらでも構いません）を膝を柔らかく使うことで行ないます。膝を球体のように緩めることで身体の重心を揺らします。

かつて剣の世界では膝の使い方が極意とされ、それを見せないために袴を履くものといわれたそうです。膝をジャッキのような二方向の「ヒンジ運動」をするものとみなすのと、柔らかく自在に回転運動も加えて三方向に使う（立って行うと重力が加わり自然に螺旋運動になります）のとでは、運動の質が全く変わってきます（実際に解剖学では、膝と肘、そして足首の関節は螺旋関節と呼ばれ、手や足の指関節などの蝶番関節とは区別されています。膝関節は螺旋運動をするものと認識されているわけです）。

例えば、膝で小さく円を描くように動かし、爪先と踵の間にある重心線を揺らすと、身体の中にうねりが起こります。このエネルギーを肚にある「丹田」に引き上げ、凝縮させることができるようになるのです。こうして丹田とは、重力というエネルギーを蓄積するバッテリーとすることができます。つまりは天から吊られ、湧泉を地に付けた状態（身体内部の水は凪いでいる状態）から膝を蛇口をひねるように開くと、まさに湧泉から湧き上がるようにエネルギーが足を通り、上体の肚に流れ込みます。

また、膝を柔らかく螺旋に使い、足でネジを打つように湧泉に乗ったとき、反作用で足を登るエネルギーは自然に螺旋状の渦を描きます。大腿部をドライバー、膝をネジの元、湧泉をその先、とイメージしてもよいかと思います。これは単なるイメージではなく、物理世界で実際に起こることで、それを意識して使えるように心身を錬ることが術への道と言えます。

まさに水源から湧く泉のように流れ来る重力というエネルギーの入口、湧泉で立つ。ここに一つの極意があります。もちろんその運河のような身体の中の流れを意識し作っていくことが鍛錬にほかならず、一朝一夕には叶いません。

まずは、意識を使い、身体と空間をよく観ることからです。

初めての方にはおよそ腑に落ちない世界かもしれませんが、そんな原理もあるのかと、少しでも興味をもっていただけたならここでは十分です。

歩く　重心で大地を踏む

「武」という漢字は「矛を止める」という意味だとよく言われますが、実際は「矛を持って歩く」という象形文字から来ているようです。

「立つ」ことに続いて、「武」のみならず、やはりあらゆる身体運動の基礎である「歩く」ことの内実を見ていきましょう。

立つことは点で行ないますが、歩きは線で行ないます。普通に歩いてみて、その重心移動を感じてみるとわかりますが、左足に乗るときと右足に乗るときとで、重心は左右に移動するのが普通です。これに対して、剣では、重心は身体の中心線上に集中させ、それを保ちながら左右にぶれることなく歩くのです。これによってマリオネットのように天から吊られ統一された身体をスムーズに、かつ流れるように動かすことが可能になります。

実際に試してみましょう。
まず、爪先に近い土踏まずにある「湧泉」の二点で立ってみてください。両足は揃え、踵は少し浮かせるようにしてください（紙一枚が踵と床を通るほどに）。最初はそのまま、爪先重心のまま歩いてみてください。

次に、別の方法で、まず左足から前に進むとして、右足の湧泉にある重心を後ろ、踵のほうに移動することによって行ないます。つまり、踵を少し浮かせ、爪先を強く踏んで立つのを逆に、爪先を少し浮かせ、踵を強く踏むことで前に進みます。自然に前に出た左足は自然に爪先の湧泉に重心を置きます。そして、またその爪先を浮かせて踵を強く踏むことによって進み、右足が自然に前に来ます。これを繰り返すことで前進していきます。

この二つの歩きの違いをよく感じてください。前者の歩きでは、地面の上を離れてまた着地するのに対して、後者ではより大地に近く、常に重心が低く感じられませんか。前者では重心を跳ねるように浮かせるのに対して、後者では身体の重心は前に落下させることで進みます。これだけで「歩き」は全く変わってきます［図］。

「浮き足立つ」という言葉があるように、武道的には、重心が地面から離れることは隙を見せることに繋がり、不利なものです。地に足をつけて、重心を安定させているほうが、立ち会いで有利であることは言うまでもありません。踵を踏んで歩を行なう後者では、常に重心を地に落としたまま歩むことが可能になります。

また、前者の歩きは地面を蹴って行なうような動きであるため筋力を必要としますが、後者では、落下する、あるいは倒れるという運動となり、重力に乗って進むほうに倒れていく、という無駄な筋力を使わないものです。さらに、武道的にいうと、筋力を使い、地を蹴る動きは、動作の起こりを捉えやすく応じやすい動きであるに対して、落下する動きはより早く、捉えにくい動きになります。

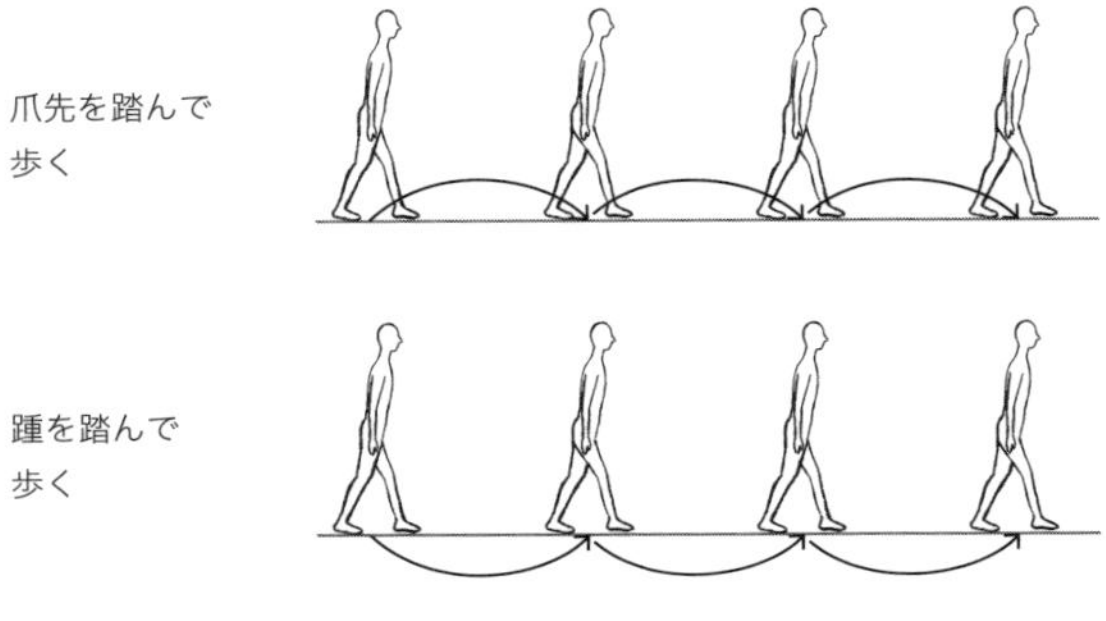

歩行図（爪先と踵）

宮本武蔵は『五輪書』（水之巻）の中で、「足づかいの事」＝「足のはこびようの事、つまさきを少しうけて（浮かせ）、きびす（踵）をつよく踏《ふ》むべし」と、そのままに書いています。これはまさに後者の歩行にあてはまるのではないでしょうか。

実は、武蔵の剣技はこの足づかいを元にしたものなのです。

前項で、大腿部をドライバーのように膝を、膝から先の足をネジのように湧泉に乗って地の力を取り、身体の水を揺らし、そのエネルギーで剣を使うという原理を説明しましたが、これは歩くときのすべての歩で行なうことができます。つまり、身体の重心線を爪先から踵に移すことで、落下させながら前に出るその瞬間《とき》に、逆の足の湧泉に乗ることができるわけです。歩を進めることで、身体内部に大きな水を揺らして爆発を起こし、そのエネルギーを足先から体幹を通して腕に、そして剣に伝えることで技になっているのです。

*

つまり宮本武蔵は、自分の筋力でなく、天地の力で剣を振ったわけです。これゆえに二刀流の使い手は、重たい日本刀を片手で振り得たわけで、武蔵自身はこれを「理」と呼んでいます。武蔵の得意技についてはゆっくりと解説することにします。

このように、武道では「歩く」という行為を根本から見つめ直し、構築し直すということを行なっていくのですが、ここで禅の瞑想の一つ、「歩行禅」に触れてみたいと思います。

私は個人的に、剣の歩も歩行禅の一種であると考えていますが、座る、歩くというシンプルな運動に特化した禅はより裾野が広く、ある意味、取り組みやすいといえるかも知れません。これも、さまざまなやり方があり得ますが、日頃、無意識に行なっている行為を意識の上にあげて見ていくことには変わりません。

左足から歩くとすれば、左の踵がいま地を離れた、次に爪先が離れた、少し前に出し、いま左の踵が着地した、爪先が着地、そこで身体の重心が前に移動した、次に右足の踵が離陸、そして爪先が離陸、右足を前に出し踵が着地、爪先が着地、そして身体の重心移動…という具合に、両足の爪先と踵の位置、重心移動に意識を向けます。これはできるだけゆっくり行ないます。また、これを呼吸を合わせて行なうこともあります（足を上げるときは、ゆっくり鼻から息を吸って、下ろすときは、ゆっくり吐きながら行なう、など）。

太極拳の重心移動にも似ていますが、ここでは歩くことに特化しています。

この歩行の瞑想法は、禅のみならず、古代から世界各地で行なわれていたようです。それだけの効果が認められていたということなのでしょう。

私も各地での講習の機会に行なってきました。最近では、スペインの国境から遠くない都市トゥールーズにある大学で、夏を利用して、スペイン、イタリア、ドイツなどヨーロッパ各地、セネガルやブルキナファソなどアフリカ、コロンビアやブラジルなど南米で、世界各地の研究者が集まるシンポジウムで「歩行禅」を行ないました。「メタフィジック・デ・コール」（“Métaphysique des corps”「身体の形而上学」）というタイトルを掲げた四日間のセミナーの初日、普段意識しない「歩き」という行為の全てを意識に取り込もうとするワークに多くの方が興味を持って取り組んでくれました。

「歩くということを初心者のように一から学び直してるみたいで戸惑ってしまう」とか「幼児に戻ったみたいな気がして、それが不思議に面白い」と感想を言われる方もいました。また、何日か続けた後、「直感力が高まったように感じる」との声も出ました。

無意識に行なっている歩行に意識を向けることで潜在意識を司る脳の部位を活性化できるのでしょうか。その効果は試してみれば実感できるはずです。

*

そこで今度は、「能の歩き」について見ていきたいと思います。

能は音楽的要素・演劇的要素・舞踊的要素からなる総合芸術ですが、私が学んだ役はシテ方という謡《うたい》と舞《まい》を専門とする役でした。能の舞は、「歩行舞踊」といわれることもあるように、白足袋を履き、摺り足で「歩く」ということが全ての土台になっており、これを「ハコビ」と呼びます。歩くと呼ばずに「運ぶ」という言葉を使う理由は特に説明されませんが、「歩く」というと足を使って進む行為というふうに思いがちですが、「運ぶ」となると全身を使った運動、いわば統一した身体を一歩一歩と進めるというニュアンスがあるように思われます。

能を演じる中で、全ての役者は舞台上で真っ直ぐに立てた正中線を崩すことはありません。役を演じるときは上体を少し前傾させますが、それでも天から吊られたマリオネットのように終始します。

私の師匠の一人である故観世榮夫先生は、著書の中で、「摺り足と普通の歩行の違いは、普通の歩行では重心が点で移動するのに対し、摺り足では重心が線で移動することである、その移動の軌跡が長さを感じさせることがある」と書いており、このハコビによって、例えば過去の死者が悠久の時間を超えて現世に現れることを表現するわけです。また、このハコビの線で直線や円形、楕円などを描き、それによって幾何学的で抽象的な舞踊表現を作り上げるのです。この足のハコビは剣と共通するもので、実はこれは新陰流剣術に由来するといわれています。

能楽が大成されたのは、三代将軍足利義満の室町時代、観阿弥と世阿弥親子によるものとされています（十四世紀のこと）。当初から武家の文化と繋がりが深く、その後、戦国時代には、織田信長、豊臣秀吉といった大名たちに愛好され庇護を受けることで盛んになり、後に江戸時代には武家の式楽として徳川幕府公式の芸能となります。

現存する檜で造られた最古の能舞台は、京都の西本願寺にあり、天正時代の一五八一年の銘があるそうです。また、原初には芝生の上で演じられていたこともあり（それで演劇を「芝居」と呼ぶようになったという故事もある）、世阿弥の時代にどのような足遣いをしていたかは、実ははっきりしません。

今日、見られるような摺り足（ハコビ）を使うようになった経緯ですが、能楽の最も古い家である金春《こんぱる》家と新陰流を継承した柳生家の交流によるとの説があり、私もそれが真実であると考えています。故事によると、大和柳生の里に住む、新陰流二世柳生石舟斎の元に、奈良の金春流宗家の金春七郎が熱心に稽古に通い、目録伝書まで授けられており、その交流は浅からぬものであったことが窺えます。目録の日付は慶長六年（一六〇一年）二月となっており、関ヶ原の合戦の翌年、まさに戦国時代末期のことです。

こうして金春家に伝えられた秘伝が摺り足の足遣い（ハコビ）だったのではないかと言われています。その真相については想像するしかありませんが、能と剣に共通する摺り足が武道的な必然から生まれたものであることは十分に考えられます。かくて能は武家の式楽、つまりは侍の芸となり、剣術を補完して心身を錬磨するための道となっていきました。

面白い逸話があって、沢庵が石舟斎の息子で将軍家指南役となった柳生宗矩に与えた『不動智神妙録』の最後に、「貴殿は能にはまりすぎである、あちこちの大名のところに押しかけて、舞って見せようとするなど、これはもう病気である、息子の十兵衛の素行が悪いのは親である貴殿のせいである…」と注意されています。息子の十兵衛の素行が悪いのを注意する前に、まず自分を正せ、と。天下の将軍の剣の師匠が、「能をやりすぎ」と高僧に叱られている様はなんとも微笑ましく思えます。

＊

先に私の修行生活は能からはじまったと申しました。能の修行を始めたものの、その稽古の伝統的なあり方では、教授のカリキュラムが全くなく、教えるということはほぼ行なわれないものでした。師と一緒に生活する中で、自然にその芸を見とって身につけていくというもので、不器用な私にはなかなかに難しいものでした。あまりに師匠の身体と自分の身体との差がありすぎて、辿りつける道も分からず途方にくれる日々が続きました。

特定のメソッドがない以上、自分で作っていくしかありません。考えあぐねた末、役者としての身体に筋金を入れるべく、能の稽古も続けながら、ある時期から武道、なかでも特に剣を学ぶことにしたのです。その頃は、遠い過去にあった能と剣の繋がりは全く見出せなかったのですが。やがては、能の境界を超え、他の芸術表現の方法を追求すべく、思索を繰り返す道へとつながりました。

今日、能楽と剣術の双方を関連づけて稽古されている方はあまりいないように思われます。私はそんな古《いにしえ》にあった〝道〟、現代には失われた「武と舞の融合」に自分の道を切り拓くことになったのです。

剣と能の歩行について書いてきました。いずれも重心を大地から離さず一直線に流れるように進むものですが、剣では日本刀を構え、能では扇子を持つため、今日、普通の歩行に見られるような、両手を振って勢いをつけて行なうことはありません。

通常行なわれる歩行では、左足を前に出すとき右手を前に振り、右足を出すときは左手を前に振り、私もこの歩きを「正しい歩き」として小学校での行進の練習で習った記憶があります。これは明治維新後に、政府が近代国家に必要な軍隊を急造するために取り入れられた西洋式の練兵に由来するようです。確かに、軍隊では兵卒の一糸乱れぬ行進が求められますね。この歩きは調練の最も手っ取り早い方法だったのかもしれません。

手を振らずに重力を利用して落下していく歩きは、一朝一夕には身につくものではなく時間がかかりますし、このように身体を通した内省的な瞑想は、兵士には相応しくないのかもしれません。天地と繋がり、感覚を研ぎ澄ました兵

仏語能「王女メデア」の衣装
Ⓒ Maxime Pierre

士というものは、優秀であってもそのコントロールはやりづらくなるでしょうから。上官の指示を何も考えず忠実に実行することが兵士の務めです。その作戦の良否を考えてしまうと兵隊なんてやってられなくなるかも知れませんね。

間奏

形稽古　あるエピソード

日本剣術の形《かた》は、それぞれ究極の境地に至るため、古伝の形を繰り返し稽古します。歴史編で書いたように、形の中では、師の受け持つ打太刀《うちだち》が攻撃をし、負ける役を担い、弟子の使太刀《しだち》が応じて勝つ役を演じます。師の導きによって、相手の心にこちらの心をうつし、その影のように動く拍子を身につけていくわけです。

こういった古伝の形を、私も演武の場で披露することがあります。場所によって観客の反応が異なり、面白い経験をすることもあります。

以前、国際交流基金の派遣により、日本文化の普及のためにいろいろな国を巡る機会がありました。その際、アラブの国々へも何ヵ国か訪れたのですが、「コーランか剣か」というイスラム教の開祖ムハンマドの言葉があるように、剣を大切にする文化があるようで、アラブ世界ではどこの国でも興味を持って迎えてくれました。また、親日的な国が多かったのも印象的です。

ヨルダンを訪れた時のこと、首都アンマンのヨルダン大学での演武があり、若い学生たちから熱烈な歓迎を受けたことがあります。その反応ぶりは、こちらの剣を使う一挙手一投足に手を叩き、歓声を送ってくれるほどの熱狂ぶりでした。

そこでは古伝の形を演じたのですが、私が打太刀で、使太刀を演じたのはフランス人の生徒でした。

打太刀の私は、当然負ける役を演じるのですが、私が敗れる形を演じるたびに、観客席から悲鳴に近いほどの落胆の声が聞こえてきて、驚きました。こちらは単に、形を演じているだけなのですが…。もちろん、事前に、これは古伝の形であると説明をしておいたのですが、ヨルダンにはそのような文化がないようで、スポーツの試合観戦のように見ていたわけですね。概ね親日的な彼らにとって、アジア人、日本人の私は善玉で、かつての植民地支配の記憶のあるフランス人の生徒は悪役に見えたようで、その彼に私が破れる姿に落胆してくれたわけで、かつてない面白い経験でした（フランスが直接ヨルダンを支配したわけではないですが、かつて世界に植民地を広げた白人の国ということでしょう）。

その後、「我」と「彼」の差を取り去り、調和を求めるのが日本文化であり、日本武道だと伝えたのですが…。うまく伝わったものかどうか。キリスト教文化圏もそうですが、イスラム文化圏は善悪の二元論がことさらに強く、このことが争いを生む要因でもあるわけです。イスラムといえば「コーランか剣か」という言葉とともに、ジハード（聖戦）の思想で知られていますね。

二十一世紀に未だ宗教戦争を続ける世界にあってこそ、我彼を結ぶ、陰陽合一を説く「和」の日本文化は、世界を次のステージに上げるための重要な鍵を握っているように思えます。それゆえにこそ、世界各地で日本の武道は興味を持って受け入れられているのではないでしょうか。特に次代を担う若い世代にそれを感じます。

日本剣術は、我を捨てて、自分の心と相手の心を結ぶこと、調和の心を元とする、和の国の武なのです。

ヨルダン大学にて
（中央奥に筆者）

2　稽古の展開

持つ　伸筋制御のメカニズム

先に述べたように、私は、能を続けながら、後に剣を修めていくことになるのですが、その稽古はどちらも形をひたすら繰り返し、形に嵌まっていくというものであり、当初は両者の本質的な繋がりに気づかないままでした。形に心を吹き込むのは修行者であり、それが叶わなければ単に形を繰り返すだけの、形骸化したものになってしまいます。その「形に心を入れる」ことは各自の才能によるところが大きいと思われますが、私はそれを求める上で、合気道の源流である大《だい》東流《とうりゅう》合気《あいき》柔術《じゅうじゅつ》に出会ったことにより大いに助けられました。

大東流は、その伝説によると流祖を清和源氏の八幡太郎義家の弟である新羅三郎義光《しんらさぶろうよしみつ》とし、甲斐武田家に伝わった後、会津藩に伝承されたものとされ、明治維新後、後に合気道創始者の植芝《うえしば》盛平《もりへい》（一八八三〜一九六九）の師となる武田惣角《たけだそうかく》（一八五九〜一九四三）という武芸者によって世に知られるところとなりました。その教程は、下級武士のための「柔術」、上級武士のための

「合気柔術」、そして藩主や家老など管理職のための「合気術」の三種に分かれるとされます。「柔術」とは、関節技などで相手を制圧する実際的な技であり、「合気術」とはほとんど力を使わずに触れるか触れないかで相手を制する技ですが、「合気柔術」はその中間にあたります。柔術は物理的に身体の構造を利用した合理的な技ですが、合気術には筋力をほとんど使わないため一見理解し難い不可思議に見える技もあります。

後日、身をもって理解できたことですが、合気術で筋力の代わりに使っていたものが、「立つ」で言及した「身体の水を揺らして起こす波」だったのです。身体の力を抜き、揺らして起こす波動を使い（それは重力というエネルギーを変換したものなのですが）、相手を倒すということです（合気道では全身で起こす筋力でない力を「呼吸力」と呼びますが、これも同様の力と考えてよいと思っています）。

筋力とは異なるものの、これも物理的な力であり、合理的なものなのですが通常、このような身体の使い方はしないため、不可思議に見えるのも無理はありません。

私が合気柔術を習ったのは、武田惣角の後継者の一人で、比類のない達人とされる佐川幸義《さがわゆきよし》（一九〇二〜一九九八）に長く師事した吉丸慶雪《よしまるけいせつ》師です。吉丸先生は佐川師の不思議な合気術の達人技に感嘆するばかりで、原理がわからないその技を身に付けることなど無理、と一度は諦めて師の許を離れたそうです。後に中国拳法の太極拳を学び、その中に合気と共通するものを見出され、その原理を抽出し理論化して、『合気道の科学』『合気之術の科学』などの著作を残されています。

その理論に触れることで、私も能と剣を支える共通の原理を見出していくことができたと思っています。その核となるものが「伸筋制御《しんきんせいぎょ》運動」という理論です。

例えば、手を閉じ、物を掴むときに働く上腕二頭筋（力こぶを作る筋肉）などの「屈筋」と呼ばれる筋群の働きを人は「力」と感じています。これに対して、指を伸ばして遠くを指すような意識を持ったときに働く筋群が、上腕の裏側にある上腕三頭筋などの伸筋です。伸筋で起こす筋力を人は「力」と認識できないため、一般には伸筋群を使いこなせていません。確かに力こぶを作り、物を持ち上げるとき力を使っているとは感じますが、手と指を伸ばし遠くを指したとき、自然に筋肉は働いていますが、それを力を使っているとは感じませんね。

この伸筋群を制御して使っていくことで、屈筋をメインに使う日常の身体から、全身を統一した動きに身体運動を作り変えることができるのです。何故なら、伸筋群は身体の後ろ側にあるために、普段は使えていないとして身体の前側だけで動くことになりますが、意識しにくい後ろ側の筋肉を同時に使っていくことで身体は統一されるのです。

また、屈筋を主に使う動きは、パーツに分かれるため力感のある、いわば硬い動きであるのに対し、統一された伸筋制御運動は、滑らかで力みのないものとなります。

伸筋制御運動の概要は、こんなところです。

この理論にふれ、なるほど能などの舞踊や剣などの武道で要求される動きとは伸筋制御によるものなのだと納得がいきました。

進化論によれば、人類の祖である猿が行なうブラキエーション（枝渡り）を見ても、物をしっかり掴むということが大事で、枝を掴み損ねるということは落下、すなわち生命の危険につながります。人間の生活を顧みても一度得たものは手放したくないという気持ちにかられるものです。離れゆく恋人に、「行かないでくれ」としがみついたりすることも人情でしょう。

このように、掴むという行為を司る屈筋は我（エゴ）の筋肉といえます。これに対して、手を広げ遠くに伸ばす伸筋群は、手放す、天に身を委ねるような無我の筋肉といえます。試しに、両手をしっかり閉じて何も手放すまいと立ってみてください。次に両手を広げ伸ばし、手のひらを上にして、さあどうぞ、と立ってみてください。その違いがはっきりと実感できると思います。

人が社会で生きていくには、我（エゴ）を主張するだけでは当然うまくいきません。また、いつも無我で天に身を任せるだけでも、現代社会で生きていくことはできないでしょう。私はこの伸筋制御の運動を実現していくことは、エゴと無我をうまく調和させていく道だと考えています。何故なら、伸筋群は自分のエゴで動かせるものでなく、我を捨てて空間の遠くに意識を向ける、重力に従いそれに身を委ねる、さらには焦りなどの感情も捨て、時間の流れにも委ねることによって働き出すことを実感してきたからです。

対人関係も然りで、自分のエゴを主張するだけでなく、相手の主張もよく聞き、時に受け入れていくことが必要なことはいうまでもありません。

この身体とは、私たちが天地の空間の中にある、時の流れの中にあることを知り、受け入れることで、我を超えた調和の力を使い得るようです。


さて、剣という道具を「持つ」にあたって、掴まずに持つ、伸筋を使って持つということは可能でしょうか。剣を強く掴んでしまうと、試してみればわかりますが、掴むという行為自体が道具をがんじがらめにしてしまい、その自由な運動を妨げます。使い手は、剣という道具を我で使うのではなく、自在に働かせる必要があります。例えば、神官が榊《さかき》などお供物を神に捧げるように持つイメージでしょうか。捧げ物を掴むことはあり得ません。しかしながら、指を伸ばしたままだと持てませんから、各指は伸ばした状態を保ちながら、柄を優しく包み込むように巻きます。卵を優しく包み込むように、と表現されることもありますが、つまりこれは伸びる筋肉である伸筋を使って持つということなのです。

今日、剣をとって斬り合うといったことなどはあり得ませんが、相手が切り掛かってくる状況を想像してみてください。当然、恐怖で身体は緊張し、切られまいと剣を強く握ってしまうこともあるでしょう。すると自由に動いて相手に応じることができなくなります。そうした状況でこそ、我を捨て天に任せる気持ちで優しく剣を持つ必要があることは理解していただけると思います。

また、伸筋を中心になるべく少ない筋力で道具を持つ場合、その道具のバランスと中心をよく察知し、ちょうど良い場所をちょうど良い角度で捉える必要があります。道具を大雑把に扱うのでなく、重心を察知し、空間の中で無理なく働かせていくことで、その道具はよりそのポテンシャルを発揮するでしょう。人は剣（道具）を天地間で生かし、そこに命を吹き込む媒体となることで、同時に剣（道具）は人を天地に繋げる媒体となるわけです。

このことは、すべての道具に応用できるはずです。スポーツならゴルフのクラブ、野球のバット、テニスのラケットなど、アートの世界では絵や書などの筆、彫刻に使うノミ、音楽を奏でるときも手に持つ楽器であればそうですし、裁縫に使うハサミや針、日常生活においても料理をする包丁やフライパンなど、食事に使うお箸やナイフとフォークなど、およそすべての道具は伸筋で使うことによって、少ない力で効率よくその機能を活かして扱うことが可能になります。

日本剣術のほとんどの流派では太刀は両手で持ち構えます。二刀流を核とする宮本武蔵の二天一流では太刀も片手で扱いますが、両手で持つことを否定しているわけでは決してありません。「もし片手にて打ちころしがたき時は、両手にても打ちとむべし」（『五輪書』地之巻）と書いています。

歴史編で見ましたが、刀の柄の両側に目貫《めぬき》と呼ばれる金属製の飾りがあります。これは、手の中心にある労宮というツボを刺激する効果があり、通常の拵え（刀の外装）は右手を前に左手を引いて持つとして、両手の中指が触れる位置に置かれています（「柳生拵え」という拵えでは逆で、労宮に直接触れる）。両手の労宮を目貫通りに置き、柄を優しく包み込み、捧げるように、剣は持ちます。

打つ　身体開合の動き

吉丸師は太極拳も修め、その理論に触発され、合気の原理を解いていかれた方でしたので、私も自ずと太極拳とその理論を参照することになりました。陰陽説に基づいたそれは、日本剣術に共通するものも数多あります。その根幹はもちろん、陰と陽です。全てに陰陽をつくり、その変化により技を成していく。

例えば、最初に行なう「起勢《きせい》」という形がありますが、これは宇宙が生まれる以前の混沌の「無極」から陰陽が別れた状態である「太極」への変化を意味するとされています。

自然体で、左右の足に均等に体重を乗せた状態（つまりは陰陽のない無極）から一度太極となり、左右の足で陰と陽（虚と実）を作ると、常にどちらかの足を「陽の足」（軸足、あるいは自由に動かせる足）とし、重心を左足か右足の片足に置くので、両重心で立つことはありません。両重心は進退を不自由にするからです。その足の陰と陽が切り変わる刹那に技が生まれます。そしてすべての形を表演した後、両足を実とした自然体に戻ります。

これは手も然りで、常に左右の手を陰の手・陽の手とし、その虚実の切り替えが技になります。さらに、右手なら右手の掌と甲で陰陽を作ります。例えば、手が開いている状態であれば、手のひらを陽（実）とし、手の甲は陰（虚）と見立て、その手を閉じたときに陰陽が変わり、すなわちこれも一つの技となります。足で言うと、右足なら右足の爪先と踵で陰陽を作ります。そして、それが入れ替わる瞬間に技が生まれます。「歩く」の項で見たように、重心移動、すなわち技なのです。

さらには、身体自体で陰陽を作ります。身体の前面と後面（背中側）で見てみると、両手を胸腹の前で合わせるか交差させた状態では前面は閉じており、すなわち「陰」、後ろ側は開いており「陽」とすることができます。そこから両の手を大きく左右、あるいは天地に広げると、背中側は閉じて陰となり、前側は開き、陽へと変化させることができます。そこにまた技が生まれます。この陰陽の変化を「開合」とも表現します。開放と合一、まさにソルヴェ・エト・コアギュラそのものです。

この背中側と胸腹側で陰陽を作ることは、後ろ側にある伸筋群を目覚めさせていくことと重なります。一般に、人は背面への意識は薄く、伸筋群は眠ってしまっていることが多いわけですが、この陰陽変化の意識をもって形を演じることは、伸筋を目覚めさせていくことに繋がります。

この「開合の動き」、何かを思い浮かべませんか。

深呼吸するとき自然にこの動作を行なうように、呼吸そのもののような動きであり、あらゆる生命現象のなかにこの運動は含まれるかもしれませんが、私はなにより、鳥が羽ばたくさまを想い起こします。鳥類が羽を背中側、前側に羽ばたかせる動きはまさにこの開合です。そして、人が身体を開合させるときにその背骨の動きを見ると、自然に反り、閉じるという運動になっています。これは四足動物が走るときの背骨の動きと変わりません。チーターなどの四つ足動物が疾走する様子を見てください。背骨の開合を利用して行なっていることがよくわかると思います。

この脊椎動物にとってのユニヴァーサルな運動といえる開合の動きが、剣術の「打ち」の骨格にほかなりません。


まずは宮本武蔵の二刀を使う打ち方を見てみましょう。

武蔵の著作は、晩年に書かれた『五輪書』が有名ですが、他にも若き日、円明流を流儀名としていた頃にも、いくつかの「伝書」を残しています。まだ二天一流として結実する以前の荒削りながらも具体的な記述がそこには見られ、武蔵の具体的な剣技を窺い知るには恰好の資料となっています。

『五輪書』では剣技に関しては、具体的な記述はあまり多くはなく、形《かた》として封印した記号のように書かれており、そこから実際の使い方を窺うことはなかなかに困難なことです。『五輪書』

の冒頭に、「六十余度まで勝負すといえども、一度もその利をうしなわず。その程、年十三より二十八九までの事なり」とありますが、武蔵が二十代の頃に記した『兵道鏡』という書に多人数の敵を相手にした場合の、身の構えと剣の振り方の詳細な記述があります。

> 構え様は、刀（小刀）を左のうしろへかまえ、太刀を右のうしろへかまえ、刀と太刀とうしろにてさきの行きちかうほどにして…敵にかならずあたらんと思う時、右足をふみ出して敵のくびのとおりを刀の上にてふり、刀も太刀と一度に右へふり、又ふりもどし同じかまえにして、いかほどもちかくのばして振るべし。

そのままイメージが湧いてくるような、実に具体的な描写ではないでしょうか。

胸を出し大きく開いて、背中側で大小の太刀を交差させ、構える。この構えの相手がかかってくる様を想像してみてください。迫られるほうにしてみれば相手の両刀はその背中側にあるので見えません。どう動くのか、読みにくい構えでしょう。必ず相手に刀が届く距離に入り、右足を出す体捌《たいさば》きを入れながら身体を閉じ、右手の太刀が上になるように両手を交差させて両刀で打ちます。次にまた左足を出すという体捌きで身体を開きながら両刀を切り返し、また元の構えに戻ります［写真］。

開―合―開と、まさに両刀を羽ばたくように駆使しているのです。この動きは、体幹の背骨の

1

2

3

開合による打ち「二刀」

しなりを利用しているため、腕力はほとんど必要としないものです。繰り返しになりますが、腕に力を入れて振ろうとすると、刀の動き・働きを妨げてしまい、速さも強さも生まれません。鳥類が力んで羽をばたつかせるでしょうか。体幹の力で大きくゆったり両翼を開合させ、大気に乗って飛ぶ。武蔵は大勢の敵のいる空間を鳥のように両刀をゆったりと羽ばたかせて飛ぶ如くに動いたと想像します。

後に「二天一流」を名乗るようになってからの多敵に対する構え方も『五輪書』（水之巻）に書かれています。

　我刀《わがかたな》わきざしをぬきて、左右へひろく、
　太刀を横にすてゝかまゆる也。

両刀を後ろで合わせるほどに身体を開いていた若年に比べて、左右に下げて構えるということです。これを試してみた場合、体幹を反らせてバネのように丸める動き（喩えればエビが跳ねるような…）を使って切るには後ろに両刀を持ったほうが有効ですが、左右に

「多敵の位」（武蔵『五輪書』による）

下げて構えると左右方向も含めて自由に歩きやすいように感じます。この構えからの「打ち」も、結局は身体の開合で行なうことは同じです。

*

次に、日本剣術ではオーソドックスな両手持ちの一刀による「打ち」を見ていきましょう。ここでは、上泉伊勢守信綱の新陰流の構えからの基本的な「打ち」をご紹介します（古流の技術は現代の剣道とは大きく異なっていることが多くあります）。

将軍家指南役となった柳生宗矩が残した『兵法家伝書』に「進履橋《しんりきょう》」と題された短い一巻があります。流祖伊勢守が二世柳生石舟斎に与え、さらにその子息の宗矩に伝わった『新陰流兵法目録』に若干の説明が加えられたもので、そこで「清眼《せいがん》」（青眼、正眼、星眼と表記されることもありますが、ここでは『兵法家伝書』にちなみ、この字を取ります）という中段の構えの要諦が記されています。この中段の構えは、両手で刀を正中線上に持つ、日本剣術を代表するような構えで、現代剣道では身体を真っ直ぐ立てて相手に向かい真正面に向けますが、古流の新陰流では、異なります。

一、身を一重《ひとえ》になすべき事

一、敵の拳《こぶし》を我が肩にくらぶべき事
一、我拳を楯につくべき事
一、左の肘を延ばすべき事
一、さきの膝に身をもたせ、あとの膝をのばすべき事

（『兵法家伝書』）

「身を一重に成す」とは、身体を真横にする、いわば半身に構えることです。「相手の拳の高さに自分の肩を比べる」とは、こちらの構えを低くとること。さらに、「拳を楯につく」「左の肘を延ばす」とは両手を伸展させることで、「さきの膝（右）に乗って左膝は伸ばす」ように低く構える、と読めます。このとき、上体は真っ直ぐながら自然に前傾します。幸いに、柳生石舟斎が能役者金春七郎に伝えた絵目録が残されており、そこにこの清眼の構えが忠実に描写されています。

ここで留意していただきたいのは、「拳を楯につき、左肘を延ばす」と繰り返し注意深く書いていることです。これは先に述べた、伸筋を適切に使うことに繋がります。こうして身体に陰陽を作っていきます。

試しに両手を軽く閉じ、左肘を真っ直ぐに伸ばし、盾をつくように前に押してみてください。背中側がよく開くことが感じられるでしょうか。対するに前の胸腹側は閉じられることになります。背中が陽であり、前側が陰であるといえます。これを体幹を柔軟にして行なうと、肩甲骨

が左右方向でなく、前後方向に「立つ」ように動きます。

　四足動物の体幹部をご覧ください、肩甲骨は水平方向でなく、垂直方向に立っていることがお分かりいただけると思います。人間の身体も潜在的には肩甲骨を立てるように使うことができ、古流の中段の構えでは、四足動物のように剣を持ち、立つということです。その際、自然に肩幅は少し狭くなり、両腕の長さは自然に前方に少し伸びるのです。身体を閉じ、身体の全てのパーツを扇の要《かなめ》のように、手に持った剣に集中させるようなイメージでしょうか。

　清眼は攻防一体の構えで、打つときは剣を一度振り上げる必要があります。ここでは、「八相《はっそう》」という刀を上げた構えからの「打ち」を見ることにします。清眼の左の足を前に出し、右足を引いて一重の半身を逆の右向きにしながら、おおよそ臍の高さにあった両拳をあげて刀を立てるのですが、この動きは両肩甲骨を寄せて身体を開くことで行ないます。八相の構えでは胸腹側が大きく開き、肩甲骨を寄せて背中を閉じます。両手は正中線上にあり、左手が胸骨に触れるくらいに軽く置きます。この構えをとると、ちょうど太陽神経叢（と呼ばれる神経の束）のあるみぞおちから刀が天に向かって生えているような感覚を私は覚えます。身体の前後の陰陽を切り替えて開くことで、刀は自然に上り、八相の構えを成すわけです。

　基本の「打ち」はこの構えから行ないます。左足前・右足後ろの右向きに一重の半身から、その左足の膝をだるま落としのように抜くことで身体と刀の重量（位置エネルギー）を解放します。倒れることのないように、右足をすかさず前に左足に揃えるように送りながら両拳と刀を前に放ちます。両腕は力を抜いてよく伸ばします。同時に左足を後ろに引き、もとの清眼の構えの位置に戻し、放った両拳と刀はその重みで自然に臍下に戻ってきます（これは自然に下段の構えとなるのですが、そのまま手を伸ばせば清眼に戻ります）。この身体落下の回転で起こす小さな「竜巻」で刀を放つことが「打ち」です〔写真〕。詩的に表現すると、「獅子のように飛びかかり旋風を起こし打つ」となるでしょうか。

清眼（地、陰、身体は合、右足前）から八相（天、陽、身体は開、左足前）に右旋し、そこから左転で落下するその力で打ち、清眼（地、陰、合、右足前）に戻ります。

このように、「打ち」は、身体の開合という陰陽の変化で行なうのですが、それのみならず、天地、左右という陰陽の切り替えも内包しているのです。陰陽の切り替えとは観念的でありながら、完全に物理世界に属するものでもあります。

体幹の開合は、なによりその柔軟性が求められます。背中、特に肩甲骨の意識を高めることが必要であり、稽古を重ねることが求められますが、体幹を柔らかく自在にしていくことは健康面でも心理面でもいい効果をもたらしてくれます。「胸がふさがる」などの表現がありますが、身体を閉じたままでいると血液や、意識の流れが滞るような気もします。

心身は一つで、体幹が柔らかだと、心も柔らかでいられるようです。

開合する身体。まずはよく開く身体にする、そのためには体幹部を柔軟にすることが必要なの

1

2

3

開合による打ち「一刀」

ですが、日常生活でも助けとなるものがあります。

ところで、皆さんは襷掛《たすきが》けをされたことがありますか？　着物になじんだ年配の方はいざ知らず、若い世代ではあまり見られないかもしれません。

時代劇などで試合や決闘に向かう侍は、必ず襷掛けに鉢巻をしていますね。これはもちろん、いざという場面で邪魔になる袖を収める意味もありますが、それだけではありません。

実際に試してみていただきたいところですが、襷を掛けてみると、背中側でクロスさせた紐は、両肩を後ろに引くことになって胸が自然に開かれ、背中側が閉じられる格好になります。この良く胸が開いた状態を味わってもらえれば、身体の内部感覚の違いや、視界の広がり方の違いなどがわかるようになります。

この状態で剣を振ってみてもかまわないのですが、なにより日常の生活、炊事や片付けなどの用事、さらにはスポーツをされる方はその動きを、ダンスなど身体表現もいいですし、音楽をなさる方は、歌ったり楽器の演奏などで試してみてください。

私の許には、ミュージシャンの生徒が多く訪れます。少し前のこと、ある若いフランス人の女性ハープシコード奏者を指導していて、その姿勢などを矯正していたことがあります。あるとき襷を掛けてもらい、そのままクラヴィコード（小さな鍵盤楽器）を弾いてもらったのですが、それだけで楽器の奏でる音が一変し、ご本人も思わず驚いて笑っていました。襷をかけると、はっきりとより強く、明るい音になっていたのです。

それだけ、楽器に気を乗せやすいのでしょうか、これは実際にあった話です。ユニヴァーサルな運動、すなわち剣の動きである「開合」を使って、鍵盤楽器を弾く様を想像してみてください。イメージだけでも躍動感を感じませんか…。

まずは身体を開くことから始めてみる、これは全てに通じるように思います。

太極理論では、始原の全てが混沌とした状態を無極とし、太極とは陰と陽が別れた状態（太極図のように）であり、天と地を分け、昼と夜を作り、男女の違いを生み出す宇宙の根本です。漠然と身体を捉えた状態から、背中の意識を強め、前側と後ろ側に陰陽の太極を作ることは、混沌を小宇宙に変えていくための一歩かも知れません。

結ぶ　気のエネルギーを放つ

身体に陰陽を作り、その切り替え（開合、天地、左右の足など）により「打つ」ことのありようを見てきました。さらに、重要な陰陽の変化、手の開閉と腕の回転をここに加えます。結んだ手を開き、また結ぶこと、さらには両腕の内と外への両方向の回転運動を見ていきましょう。

「持つ」の項で、日本刀は、柄にある目貫で両手の中央にある労宮のツボを刺激させながら、伸筋を手に柔らかく包み込むように持つ、と書きました。この労宮を開閉することにより、「打ち」に力を乗せます。この力とは、身体と剣が重力に引かれることであり、内在するニュートン力学でいう位置エネルギーを身体の中心（臍下の丹田）に凝縮し、変換したものです。

八相に構えた状態では、下方は両足の湧泉から、膝、股関節を通り、上ってくる力（重力に対して立つことで起きる反作用の力、「反力」と表現することもある）を丹田に、さらに両手で持つ刀の重みを労宮穴を通して、同じく丹田に集めるようにします。同時に足腰、頭部や体幹など全身の重みも中心に集める意識を持ちます。丹田に、その全体のエネルギーを収縮するには、両肩を下げ、横隔膜を下げ、臀部は少し閉じるような感覚で、中心に弾力のあるボール玉を作るような意識になります（このような意識を持つことは最初は難しいかも知れませんが、そんなものかと聞いていただけたら幸いです）。

身体の中心に凝縮したエネルギーを、体捌きで身体を落下、回転させ、剣に乗せて放ちます。丹田にあるボール玉を落下させることによって弾ませるわけです。その丹田に弾みが起こすエネルギーを運河で流すように両腕を通して剣に送るのですが、そのためには両腕の屈筋はできるだけ脱力する必要があります。屈筋に力が入って緊張していると、丹田から送る力（ボールが弾むようなエネルギー）が滞ってしまうからです。

剣術では筋肉は、力を起こす元とはせず、大地からの大きな力を通す媒体として使います。両手は常にゆったりと柔らかく包むように剣を持ちますが、「打ち」を行ない、物に当たる瞬間には両手を絞める必要があります。インパクトの瞬間には刃筋《はすじ》（刃の向き）を固定しないと、刃がぶれて硬いものは切れませんし、刀身自体を傷めることにもなりかねません。

また、同時に労宮を通して身体の中心丹田から力を流していたものを、両の労宮を一気に閉めることで、より強く前に放つことになります。喩えるなら、鞭をふっているとき、その根元が切れたとしたらその鞭が前に飛んでいってしまうように。自動車に乗っているとき、急停車すると乗客は前方に放り出されるようになるのと同じ原理です。

瞬間に労宮を閉めることで、丹田からの気のエネルギーが刀を流れ、切先三寸の「物打ち」(最もよく切れ、「打ち」に使われる部位)に集中させます(この位置エネルギーの変換による「気体的な力」は太極拳でいう「勁力《けいりょく》」、合気道でいう「呼吸力」と同義であると考えています)。

さて、この手の閉め方ですが、剣の世界では一般に「茶巾しぼりのように」と教えられます。茶道において、茶碗を拭く布をしぼるように、ということです。皆さんも雑巾をしぼった経験はあるかと思いますが、両手、両腕を自然に捻《ねじ》って行ないませんか。

剣を扱うにも、両腕を捻る螺旋運動を行ないます。両掌を、親指を内側に地に回していく動きを「内転」、反対に親指を外側に天に回す動きを「外転」と呼びます。この両回転の組み合わせ、内転と外転の切り替えで剣、道具を扱います。労宮はこの螺旋運動の軸を作ると同時に、そこからエネルギーを吸収し放出する出入口としても機能します。構えたときはここから剣の重みを丹田に流し、打つときはここから気のエネルギーを放つのです。

湧泉は人と大地とを繋ぐ門であり、労宮は剣という道具を通して天と結ぶ門であり、こうして剣は人に持たれることで天地と一つになります。

両手で一刀を扱う場合、中段から八相にあげるとき、自然に小さく、左手は内転、右手は外転します。打つときは一気に力を抜き同時に両手を閉めますので、反転する両腕の気のエネルギーを一つにして前に流すような感覚を私は覚えます。

火の左手と水の右手を合わせることで、陰陽が合一し、カ・ミが現れると述べましたが、反転する左右の腕と両手を結ぶことで行なう剣の「打ち」はこの祈りと異なりません。これを持って相手と立ち会うということは、現代においては祈りを相手に送ることであり、切り結ぶとは双方の祈りを結んでいく、お互いを活かし高める営みと捉えています。

合気　見えない技の正体

ここで、「合気《あいき》」という技術について簡単に述べてみたいと思います。「手ほどき」の稽古のように、相手に手を取られた状態から、柔術の技を使い、相手を倒すなり制圧するという稽古を例に挙げます。

技を強引にかけようとします。相手は抵抗してきます。体格や力の差がない限り、上手くいきません。そこで「合気」を使います。合気という言葉は、日本武道のさまざまな領域で使われていて厳密な定義というものはなく、流派や修行者によって異なることもあります。古くは剣術において、「合気に掛かる」と言われたものですが、これは、相手のリズムに取り込まれるような禁忌の状態を意味したようです。ここでは私が学んだ大東流の一派のものに限定します（もっとも、ここに紹介する内容はごく一部にすぎないのですが）。

相手に取られた手を、こちらは争わず、まず力を抜きます。完全に脱力すると何もできなくなるので、腕の表面の張りを残しつつ内部の筋肉を緩めるようにします。伸筋は張ったままで、抵抗する我の筋肉である屈筋を緩めるような感じでしょうか。ここで相手は、こちらの抵抗を感じず掴んだ手から入力される情報が変化するので、一瞬何が起こっているか、わからなくなります。

こうイメージしてください。例えば、手にしているガラスのコップの材質が、手品か何かで、突然柔らかい紙コップのようなものに変わったとしたら、身体は一瞬驚いて少しバランスを崩してしまうかも知れません。相手の手を掴むときは、当然それに逆らう力を予想するので、予想外に掴んだ相手の手が不意に消えたかのようなイメージでしょうか。持っていたものが突然なくなったり、質が変わったりしたら、自然に身体のバランスは少し崩れてしまうでしょう。

私が子供の頃、水路でザリガニを捕まえて遊んでいたことを思い出します。いつもザリガニの殻を掴んで取っていたのですが、あるとき脱皮中のザリガニを掴んでしまい、びっくりして手を離したことがありました。脱皮中の殻はぐにゃりと柔らかいので、通常のようにごく固いものとの予想が外れて「なんだこれは！」と驚いたものです。

「思いもかけない事態」に本人も気がつかないほどわずかにバランスを崩した相手の力を、こちらは屈筋を緩め力を抜き、腕、体幹を通して丹田に吸収するように自分のものとします。間髪を容れず、その丹田に納めた気のエネルギーをすでに重心をわずかに崩している相手の中心に放ちます。気のエネルギー（丹田からの呼吸力）の見えない剣で相手の重心を切る、と説明できるでしょうか。

身体の動きは大きく、物理的に相手を手刀で切るように行なうこともありますし、熟達すると、見えないほどわずかな動きで行なえるようにもなってきます。こちらは、ほんのわずかな動きで相手を倒すことになり、外から見ると何が起こっているのか分からず、不可思議に見えることも無理はありません。

大まかに「合気」ということの概要を説明すると、このような感じですが、なんとなくご理解いただけたでしょうか。簡単にいうと、こちらが力を抜くことで相手の力は自分のものとなり、その力で相手を倒している。相手にしてみれば、自らが出した力がわけがわからずに自分に戻り、それに倒されることになる…。

私は少年の日に読んだ『少年姿三四郎』だったかの講談本で、「若い修行者が年老いた達人にかかっていったところ、何が起こったかわからず、気がついたら倒れていた」というような話を読んで、子供心にそんな世界に憧れたものでした。

実際、私自身この「気の放射による見えない剣」で崩され倒される経験をしたとき、本当に何が起きたのか、わかりませんでした。ある師範に向かってかかったところ、次の瞬間には倒れて天井を見上げていました。すると思わず笑いが込み上げてきて、震えるような感動を覚えました。私のそれまでの武道経験や、それ以外のどこでも経験したことのない感覚に浸ったことを思い出します。繰り返しそんな技を受けるうち、こんなにも人に感動を与える素晴らしい技を自分も身につけたいと思うようになり、稽古にいっそう身を入れることになりました。

　それまで行なってきたものが身体運動の稽古であったとすれば、ここでは意識の運動の稽古であり、まさに心の稽古というべきものでした。能楽と剣術という、古より伝承されてきた形をひたすら繰り返すことで、自分を形に嵌めることで芸を身につけていくという体系に慣れていたために、そこでの稽古法は私にとっては本当に驚きでした。

　瞑想するように静的に行なうのです。まずは、自分の身体を内観します。全身をスキャニングするように隅々に意識を張り巡らせていく。それだけでもなかなか容易にはいきませんが、その次に相手の身体にも、そして両者を包む空間にも意識を張っていかなければなりません。

　相手に手を取られた状態から、伸筋を張りながら屈筋を緩める。同時に相手の力の向き、強さ、流れを感じる。重力を感じ、自分の重心がどこにあるか、左足にあるか右足か、爪先か踵か。相手の重心はどこになるのか。身体を緩めてあたかも液体として使うようにし、重力や相手の力をエネルギーとして丹田に集める。その気の力（波動）を体幹、腕を通して相手の中心に放つ。そのためには全身を統一して立ち、動く必要がある…。

最初は目に見えない世界でもあり、全体像も見えず、全く何も出来ません。それまでの形の稽古であれば、真似て繰り返せばなんとか少しずつでも上達は感じられましたが、この目に見えない、意識を駆使した技の世界は雲を掴むようなもので、またしても途方に暮れる日々が続きました。

ここで誤解のないように書き添えますが、この合気の技は、意識を使った技でありながら、同時に一〇〇パーセント物理的な技であり、全く神秘的なものではありません。ただ、身体を天地の力である重力の影響下で骨や筋肉という固体の世界のみならず、身体の水を揺らして使うような技は、無意識の領域まで立ち入らないと叶わないということなのです。当然、その無意識の領域を使いこなすために、稽古は瞑想に近いようなものになっていくわけです。

固体（骨、筋肉）、液体（血液やリンパ液などの体液）、気体（ここでは位置エネルギーとそれを凝縮し放つときの呼吸）として自分の身体を使うには、身体と空間に意識を張り巡らすことによってしか成就できないでしょう。さらには、相手の身体も視野に入れなければなりません。

これは、まさに巨大な迷宮のように入り組んで、謎めいたものでした。それまでも私は、能の舞や剣術を十年余り続けていたため、ある程度、身体的な技を使えるという自負もありましたが、意識の世界では全く意味を持たなかったのです。

力を抜いていくこと、つまりはそれまでの蓄積は一度手放す必要がありました。それは意識を使って、全てを一度解体し、再構築していくために必要なステップでした。ジグソーパズルも少しずつ埋めていくと、あるとき全体像が見えて来ることがあるような、そんなことが何年か後に自然に訪れました。

とはいえ、出来たと思いきや、相手が変わったら全く出来ない。また、しばらくしてなんとか技ができる。それでまた見えたと思ったら、実は幻だったようで、また手探りが始まる…。

そんなことを繰り返して少しずつ前に進むしかないのが修行のようです。自分がまだまだ未完成であるということは人間として当然のことであり、喜びでもあるようにも感じています。まだまだ見えていない世界が自分の前に広がっているわけですから。

しかし、技をかけられて倒されて、そこで喜びが湧き、感動が起きる武術というものは一体何なのでしょうか。さらには技を受けるたびに、「気の剣」と表現する波が身体中を駆け抜けるので、全身の細胞が活性化し、元気になるような感覚があります。

また、技をかける方は重力を利用し、相手を垂直方向に崩すことが多いため、受ける方はその「垂直」を身体に植え付けられるように思えます。考えてみますと、日常生活を送る上で、身体が垂直に落ちることは余りありません（バンジージャンプや、海やプールでの飛び込みのような場合を除いて）。

現在、私が技をかける場合も、受ける方は概ね同じように感じてくれているようです。倒されて笑い出す生徒もいるのですが、それが何より私には喜ばしく、こちらも自然に笑いが起きます（赤ん坊をあやすときに、腕に抱いて天地にトントンと揺らしてあげると喜ぶ、それとも少し似ているような気がします)。

そんなこともあり、今では、合気とは格闘術というより、物理的な身体を超えた見えない世界、無意識の領域に入るためのメソッドであり、相手に技をかけることはこの世界に誘うイニシエーションのようなものだと考えています。あるいは、目に見えない事物の中心をこちらの心で捉える術の鍛錬と言ってもいいと思います。

こうして、私は能楽と剣術というそれぞれの形を超えた本質的な要素、その心は極めて近いものだと捉えるに至りました。なるほど、それで昔の侍は剣と能の両方を稽古したのか、と腑に落ちたものです。

形における共通性を見てみれば、能では摺り足にて直線を描き、時空間を超えた抽象的な表現をつくり、剣ではそれによって重心を剣にのせて相手に真っ直ぐ入る。あるいは、旋回運動することで観客の心を巻き取る舞踊表現とし、体術では相手を絡め取り地に導き、剣を持てば同じ動きで全身の気の乗った「打ち」となる。心における共通点は簡単にいえば、表面的な「我」を捨て、意識を身体の内外に張り巡らせつつ「無」になることと言えるでしょうか。この辺りのことは、この後、さらに詳しくお話しします。

こうして、合気という無意識を意識化して行なう技の媒介によって、能と剣が形を超えて融合していったのです。

ちなみに合気道開祖の植芝盛平翁は、小宇宙としての身体を見出していく道をはっきりとこう述べています。

合気とは、敵と闘い、敵を破る術ではない。…極意は、己を宇宙の動きと調和させ、己を宇宙そのものと一致させることにある。合気道の極意を会得した者は、宇宙がその腹中にあり、「我は即ち宇宙」なのである。（『武産合氣』）

活人剣　日本武道の真骨頂

技をかけられて倒される。勝負でいうと、いわば負けであり、本来は不愉快で屈辱的な状況であるにもかかわらず、逆に喜びに包まれる。しかも、ヒーリングのように元気にしていく武術。植芝翁の直弟子で戦後の実戦派の達人と周知されている塩田《しおだ》剛三《ごうぞう》（一九一五～九四）がその著書でこう記しています。

こうやって倒されても、相手には力で無理矢理ねじふせられたという感じがありませんから、こちらを憎む気持ちなどは生まれません。実際、私が植芝先生の受けをとって、ポンポン投げ飛ばされても、ちっとも先生に対して反抗心というものは沸かないのです。それどころか、こんな素晴らしい技をかけていただいてありがたい、という感謝の気持ちさえ抱くようになってきます。相手と気持ちがひとつになっているから、こういうことも起きるわけです。(『合気道修行』)

私も個人的に全く同様のことを師範に対して思っておりました。また、これは合気系の武術に限りません。

新陰流剣術の創始者、上泉伊勢守信綱《のぶつな》と、後にこの流儀の二世を継ぐ柳生石舟斎宗厳《むねよし》が出会ったとき三度にわたり立ち合い、三度とも石舟斎は伊勢守に敗れ、その負けを認めた後に礼をつくし、入門を願い出たとの故事があります。戦国時代の末期の頃、一五六三年、石舟斎は三十四歳と壮年期、伊勢守はおよそ五十歳代半ばの当時としては老境に入った頃です。石舟斎はもとより、戦を重ねた武将であり、それまでにも一刀流、新当流といった剣術を修めており、かなりの自信を持って臨んだために一度の負けでは納得出来ず、三度までの立ち会いとなったようです。完敗したにもかかわらず、敬服し、入門を願い出たということですから、よほど伊勢守の技に感服したと想像できます。ひとかどの武将が師として選ぶのですから、もちろんその人柄にも魅かれるものがあったのでしょう。

その後、自邸のある柳生の庄に伊勢守を招いて教えを乞い、翌年にはその信頼を得て「無刀取《むとうど》り」の考案を託されたということです。無刀取りとは、刀を持たずに刀を持つ相手と立ち会い、その刀を奪う。つまり、武器を持たずに武器を持った相手と戦うことがあっても相手を傷つけずに争いを終わらせる技のことです。自分からは戦いを求めないものの、いざ攻撃されることがあっても、それでも負けない、相手も傷つけない、という技。廻国修行する伊勢守が立ち去ったあと、石舟斎は宿題であるその考案を深めていったのでしょう。その二年後に『新陰流目録』を授けられています（現代で言えば、免状のようなものでしょうか）。

そもそも、試合は伊勢守が考案したという袋竹刀《ふくろしない》（竹を割った上に、牛革をかぶせた竹刀）で行なわれました。それまで木刀で行なわれた稽古につきものの、怪我や事故を避けるために編み出されたものです。

伊勢守は、戦乱が続く時代において、剣客としていかに相手を傷つけずに争いを終えるかに腐心し、後進に託しました。元は上州上泉（現在の群馬県前橋市）の城主の子として生まれた戦国武将であり、自身が仕えた長野氏が武田氏、北条氏に敗れた後、その地位を放棄し、一武芸者となり諸国流浪の身になったという人物（その際、敵方であった武田信玄の仕官の要請を受けたものの断り、それを惜しんだ信玄が自らの名前の一字の「信」を与えて、本名秀綱を改め信綱と名乗ったとの逸話がある）。つまりは、戦に明け暮れ、その現実の悲哀を誰よりも知る人だったわけです。

後に石舟斎は、天下人となる徳川家康本人を相手に、この「無刀取り」を披露し、家康はその技によほど感服したのでしょう、その場で入門を願い出たということです。こうして新陰流は徳川将軍家の公式な剣となっていくことになります。武器を取らず争いを終わらせる剣術、それは乱世に倦んだ民衆の声を聞きながら天下をとり、平和な時代を築こうとした家康と徳川幕府にとってはまことに似つかわしいものだったことでしょう。それに続き、各大名やその家臣たちにも多く学ばれるようになりました。

人を傷つけ殺すための技を、人に喜び、感動を与える技という真逆のものに創りかえる。その感動は伝播します。また、自らや相手を傷つける剣を、それを取ることで心身の能力を高め、人格を磨く道具とする。

この伊勢守と石舟斎による「活人剣《かつにんけん》」（「かつじんけん」とも）の創造をもって真に日本武道は生まれたといっても過言ではないと思っています。

この「活人剣」や茶の湯、能楽などはまさに戦国乱世という血と泥の沼に咲いた蓮の花といえるのではないでしょうか。

光があれば影があります。

うって変わって、吉岡一門との争いや佐々木小次郎との巌流島での決闘など、血生臭い逸話を少なからず残す宮本武蔵は、将軍家の剣に対して、ことさらアンチテーゼであろうとするかのように、辺境の武辺の地の九州にあって、その二天一流を創り上げていきます。

活人剣を説く柳生宗矩の『兵法家伝書』に対するが如くに書かれた『五輪書』では、ひたすら敵に勝つこと、相手を切ることを説いています。

こうした姿勢に対し、私としては、是も非もありません。どちらも非常に魅力的で創造的であり、どちらが欠けても日本文化にとって残念なことであると思います。また、両者の剣をつぶさに見て、同時に研究してこそ見えてくるものも多々あるのです。

「影」といえば、新陰流の剣こそ将軍家が全国の侍たちをコントロールするために使われたと見ることもできます。戦国時代の、戦に明け暮れ、敵を倒し、有力な武将に仕官し、ついには一国一城を狙う戦士の牙を抜き、従順な官僚に変えていく。それには活人剣を説く新陰流は相応しかったのではないかと思われます。これについても、良い悪いは言えません。その甲斐あって、二六〇年以上に亘る江戸の平和を実現できたわけですし、荒くれた野武士もどこか魅力的ですが、お城勤めの堅実で教養ある武士もなかなかに素敵ではありませんか。

とはいえ、武蔵にしても、剣を殺人の道具とのみ心得ていたわけではありません。

自らの流派を「剣術」とは呼ばず、兵法「二天一流」とする理由を、「太刀の徳よりして世を納め、身を納むる事なれば、太刀は兵法のおこる所なり」と『五輪書（地之巻）』に書き残しています。

つまりは、国産みの「天の沼矛」や三種の神器の一つ「草薙剣」に起こる、原初の「武」によって秩序を創り、国土を治めていくという思想をその支柱としているわけです。創造の道具であるからこそ破壊にも使う。破壊があるからこそ新たな創造が生まれる。それは等しく必要であるということかも知れません。

また、「活人剣」を産んだ柳生も「殺人刀《せつにんとう》」という概念を対《つい》にしており、この両者があって新陰流は成立しています。

> 春の風に花さき緑そういえ共《ども》、秋の霜《しも》来て、葉おち木しぼむ。是《こ》れ天道の成敗《せいばい》也。物の十成《じゅうじょう》する所を、打つことわりあらば也。人も運に乗じては、悪《あく》をなすといえども。其《その》悪十成する時は、是《これ》をうつ。ここをもって、兵を用いるも天道也といえり。
>
> （『兵法家伝書』殺人刀）

と、秩序を護るために悪を殺す剣を天道として説いています。ここでは「殺人刀」「活人剣」として刀と剣を使い分けています。破壊に使う刃を片刃の「刀」を用いて表し、創造に使う刃を、刀をも含む広義の「剣」としていることも見逃せません。

確かに、反りのある片刃の日本刀が生まれたのは平安時代の中期から後期のようで、源平の武家が勃興し戦乱の世が始まった時期と重なります。刀とは戦の象徴であり、それを創造のシンボル「剣」に重ねる。ここにも陰陽の合わせがありますね。

日本では、剣は創造と破壊、生と死といった善悪を超えた天の運行を象徴する道具といえるかも知れません。陰陽を切り分け、そしてまた合一させるための器である、と。

構える　丹田を錬る

これまでたびたび丹田（臍下三寸）に形成する球状の意識が必要であると述べてきました。これはおおよそ全ての日本武道にあてはまることですし、能楽や日本舞踊、茶道などあらゆる身体を使う伝統文化においても同様ではないでしょうか。このように、身体文化に枢要とされる丹田ですが、元は中国の道教思想から来ています。

不老不死の仙人になるための霊薬、それを作る技術が「錬丹術《れんたんじゅつ》」であり、それを草木や鉱石等と身体の外側の自然（マクロコスモス）に求める術を「外丹《がいたん》」、身体（ミクロコスモス）で生成しようとする術を「内丹《ないたん》」と呼ぶようです。身体内に、その霊薬「丹」を錬る「田」を「丹田」と呼ぶ、とのこと。

不老不死の霊薬というと、秦の始皇帝がそれを求めて道士徐福《じょふく》を日本に遣わしたという伝説を思い出します。また西洋錬金術には、同様に非金属を金に変える触媒とも、人を不老不死に変える霊薬ともいわれる「賢者の石」があり、錬丹術との類似も見られます。私はこのことは、外丹とは漢方に繋がるであろう医学の元、内丹とは気功法などにつながる養生法の元と捉えてよいと思っています。

丹田という意識を作ることの効用はなんでしょうか。日本語には「肚が据《す》わる」「肚を括《くく》る」

「肚に納める」といった人間の器量や決断を表す用法が数多あります（「肚」と書くと、より意識で作る丹田に近いように感じるので、この字を当てます）。侍はハラ（腹と肚）を切ることで責任を取ったように、ここを魂の在処《ありか》と考えていたのでしょうか。

何かを決断するとき、思考が過ぎると、頭に気が上り冷静な思考が出来なくなることがあります。このとき肚に気を納めるようにすると、冷静さを保つことができるのでしょう。

剣を持って斬り合うという、究極の場面において冷静さを保つには、この丹田という意識は不可欠に思えます。頭で思考して動くのではなく、肚を中心とすることで身心を統一し、状況に応じて自然に応じるということが求められるのです。

もちろん、すでに述べたように、丹田の意識ができると、これを弾力のある鞠《まり》のように使う、あるいは重力を蓄電するバッテリーのように扱うことが可能になります。無駄な筋力を使わない動きなので、養生的にも適った動きといえます。

さらには、禅僧が坐禅で肚を錬ることを重視するのは、頭の気を下げて、怒り、恐れ、迷いといったネガティヴな感情を肚に納めて、常に冷静さを保つことで悟りの世界に近づくということでしょうが、これも養生にほかなりません。

いつも怒ったり怖がったり心配が過ぎたりしていたら健康に良くないのは明らかですね。

剣の修行者も、この禅僧と変わることはありません。

内丹術ではこの臍下丹田と、他に二つの丹田があるとされています。下丹田《げたんでん》（臍下の丹田）に加えて、中丹田と上丹田です。

中丹田はみぞおちから胸のあたり。上丹田は額の中心あたりです。第三の目というか、仏さまの白毫《びやくごう》という第三の目のような印（実際には渦を巻いた毛だそうですが）のあたりになります。中丹田あたりには太陽神経叢という神経の束があり、上丹田の奥には脳の前頭葉があります。

個人的な感覚ですが、中丹田は主に感情をコントロールするように感じられます。胸がおどる、胸が痛む、胸がいっぱいになるなど、胸には感情がつきものです。上丹田は、脳の前頭葉ですから、知性でしょうか。

下丹田は総合的にその二つ、感情と知性のバランスをコントロールするように感じます。剣術では構えは概ね、上段・中段・下段に分けられますが、これは三つの丹田にて司られると私は考えています。

新陰流の奥義というより、日本剣術の奥義というべき技「一刀両断」で取られる構えは、「下段にして車の太刀」と表現されるように、下段に剣を持ち、身体を車輪のように水平方向に回転させて使います。また、「沈龍の太刀、下段にしづめる形は龍の水底に蟠《わだかま》りて居るがごとし、太

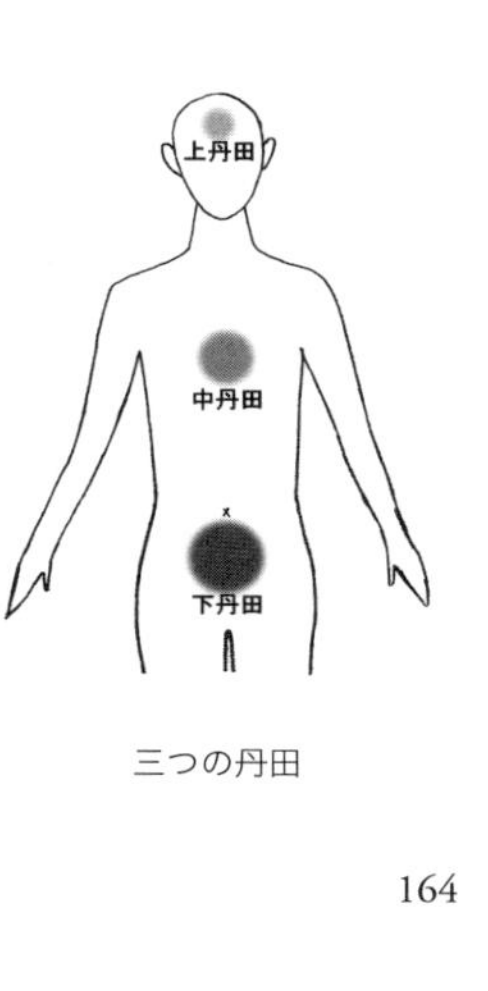

三つの丹田

刀を臍に集めるが如く持て」（『柳生流新秘抄』）ともあります。

「脇構《わきがまえ》」とも呼びますが、身体を一重に右に向けて真横に低く構え、刀は「龍の尾」と喩えられるように低く下げて持つのですが、左手は臍《へそ》につけるようにします。「太刀を臍に集める」ように持つと、全く腕の力は使わず剣を持つことができます。身体全体で持つ、さながら下丹田から剣が生えるような感覚になります。そこから、身体を回転させて技を使うのですが、それは後に詳しく説明します。

清眼の構えは身体を左に向けた一重身で両手は伸ばしますが、下丹田で剣を持つ感覚は変わりません。

八相の構えでは剣を垂直方向に立て、左手は胸につけ、切先は天に向けます。これも腕力を全く使わず、剣はみぞおちから天に向かって生えるような感覚です（それもあってか、「撥草」と漢字があてられることもあります）。

ここからはもちろん胸の開合を使って打つのですが、中丹田はその開合運動の中心となり、その弾力が自然に剣に力を乗せます。

歴史編で書いた、「八重垣」という技の「霞《かすみ》の構《かまえ》」［写真］、この構えは昔と現在とでは異なっているようですが、当初は剣を螺旋に巻いて使う、右手はほとんど額につけた構えであったと私は考えています。

> 右手の足を踏み出し、太刀を頭の上に切先をうしろへなして霞てかかる、霞というは太刀先をささえて拳を巻く事なり。（『柳生流新秘抄』）

ここから打っていくには、まさに大日如来が白毫から光を放つように両拳を前に放って行ないます。このとき上丹田のエネルギー、頭の重みを弾ませるように行ないます。ちょうどサッカーのヘディングをイメージしていただけたら分かりやすいかと思います（頭の動きはほんのわずかでほとんど目に止まらないほどですが）。

このように、各構えは丹田と密着し、その働きで打つことができるのです。逆にいうと、剣術は丹田を錬るための錬丹術の一つと見ることもできます。

宮本武蔵の「二天一流」を見てみましょう。

> 五方《ごほう》のかまえは、上段、中段、下段、右のわきにかまゆる事、左のわきにかまゆる事、是《この》五方也。……

「霞の構え」

© Jérôme Liniger

構《かまえ》五つより外《ほか》はなし。（『五輪書（水之巻）』

これは地水火風空の五大に因んだものと思われますが、陰陽思想の天地人に陰陽を加えた五行にも因むのかもしれません。二刀をもって上中下に構える場合、拳は直接丹田に触れませんが、丹田の力をもって打つことには変わりありません。

そして、左右の脇の構えでは、どちらも太刀を持つ右手が臍下に触れることになり、肚と全身で持つような感覚になり、その重さは消え失せます。ここからも丹田の弾むような力で打つことになります。

私は、この三つの質や大きさの違う弾力のある球状の意識である丹田を重ねて構え、それを弾《はず》ませて打つように使っています。その三つの玉からの色感の違うエネルギーを束のように絡めて剣に乗せて放つような感覚です。

見せる　身体に陰陽をつくる

剣と関係の深い能楽でも、「カマエ」（役者の立ち方を武道のようにこう呼ぶ）では、まず胸を開くことが求められます。次に天地方向への力の拮抗の中に立ち、さらに四方八方へと意識を張り巡らせていきます。
観客として舞台の上の俳優を眺めるとして、その身体が開いている状態、閉じている状態を想像してみてください。胸を開いた役者には、どちらかといえば、堂々とした、自信に溢れた、前向きといった陽的な印象を受けるのではないでしょうか。逆に、「肩を落とす」という言葉があるように、閉じた身体であれば、落胆しているような、どこか疲れたような陰の印象をもたれるのではないでしょうか。とすると、この身体の変化は演技に使えるかも知れません。

観客のいる空間に対して開いた身体とは、観客の意識を歓迎して受け入れる準備の出来た開かれた身体ということが出来ます。また、能の場合、役者はその役割の原点ともいえる「霊媒」的な性格を色濃く残しています。神体や鬼神、幽霊や樹木の精霊といった霊魂を憑依する巫女のような役目です。その開かれた身体は、乗り移っては去り、また別の精霊が来ては離れ、通り過ぎていく精霊にも開かれたものであるかのように感じます。

パリで活動される大先達の中に、ヨシ笈田《おいだ》さんという高名な俳優・演出家がいます。一九六〇年代よりフランスを拠点にされ、演出家ピーター・ブルックの劇団の主要なメンバーとして、あるいはピーター・グリーナウェイ監督やマーティン・スコセッシ監督などの映画にも出演、まさに世界的に活躍されている方です。元々は新劇の舞台に立ちながら、同時に能狂言や浄瑠璃といった古典芸能の訓練も積まれ、その身体を武器に西洋の演劇界に一石を投じられてきました。九

○歳を過ぎられた現在もお元気に頭脳明晰で、精力的に演出もされ舞台に立たれるという、眼を見張るような方です。私もご縁をいただき、舞台やワークショップを幾度もご一緒させていただいたことがあるのですが、日常、舞台上含めて、よく胸を開くことを心掛けておられたことを思い出します。

若い俳優さんたちを指導するワークショップを見学した折、参加者に胸を開いた身体と閉じた身体の両方で「イルフェボウ！（Il fait beau!：いい天気だ）」とセリフを言わせて、その違いを感じるというワークをされていました。胸骨を上に向けた状態で「いい天気だ」と言ってから、次に胸骨を下げて同じことを言ってみます。皆さんも試して、その違いを感じてみてください。そう言っている方の、気分まで実際に変わってきませんか。

開いた身体で放つ言葉と、閉じた身体で放つ言葉、その微妙な違いで言葉に乗せる息のエネルギーを変えることで細かいニュアンスの違いを生み、台詞回しを豊かなものに出来るかも知れません。

こう考えてくると、身体を閉じた新陰流の「清眼」は、相手や空間に対し閉じた、相手の意識の介入を封じる構えともいえます。対して、前項の沈龍の如き「車《しゃ》の構《かまえ》（脇構え）」は身体を開いて相手の「打ち」を誘うものです。つまりは、清眼から車の構えへの変化は、閉じていた扉を開くように、陰陽の変化で相手の「打ち」を誘うものなのです。

これを舞台上で俳優がそれと分からないように行なうと、何気なくその存在感が変わり、観客の気を引くことが出来るかも知れません。身体に陰陽を作り、その変化によって対する相手と結ぶことを行なうわけです。

当然、また意識の働きも前後に陰陽を使います。

世阿弥はそのことを「目前心後《もくぜんしんご》」と説いています。「舞に、目前心後ということあり。目を前に見て、心を後に置け」（『花鏡』）。

舞台上ではそのことによって、後ろ姿を自分で見ることが出来るような感覚が生まれ、世阿弥はそれを「離見《りけん》の見《けん》」と呼んでいます。この意識が彫刻的な造形美を持つ能役者の立ち姿を生む一つの要因になります。

これは武道では隙を作らないことに繋がります。剣を構えて前の敵を見ているとき、後ろの空間に意識が入っていないと、後ろから別の相手に斬られかねません。

さらに、前の相手を見ながら、後ろに意識を置くとします。外面の姿は、顔のある前側が陽（実）となり、背中側の後ろが陰（虚）の状態になります。対して、内面の意識の上では前側が陰（虚）であり、背側が陽（実）の状態になります。前側の顔や表情といった姿は、相手に見せる看板のようなもので、実際はその後ろに隠れるような感覚です。

こうすると、相手には、こちらの心をその「虚である前姿」の後ろに隠すのですから、読むことが難しくなります。また、相手に見せる「虚」である姿の後ろに隠れることで、こちらは相手の心を読みやすくなります。身体に陰陽をつくることで、身体の後ろに隠れるという意識の使い方が出来るのです。

うわつらには、如何《いか》にもしとりて（ものしずかに）、ふためかずして静に、内には気を懸《かかり》に油断無くもつたとえ也。…懸待《けんたい》を内外《うちそと》にかけてすべし。一方にかたまりたるはあしし。陰陽《いんよう》たがいにかわる心持を思惟《しゅい》すべし。（『兵法家伝書』殺人刀）

これは「懸待表裏《けんたいひょうり》」という新陰流兵法の有名な言葉ですが、相手の攻撃を誘うように外面は静かに待ち、心の働きは油断なく大きくということですが、これも身体に陰陽をつくり、心を後ろに置くことで可能になるように思われます。

「車《しゃ》の構え」で、身体を開き、相手の「打ち」を誘うときは、ちょうど矢を放つ際に弓を引き絞るように、心はどこまでも後ろに伸び、それに従ってさらに身体が開かれる感覚です。その流れがあってこそ、相手は思わず打ち込みたくなるのではないかと感じます。

これに対して、宮本武蔵はどうでしょうか。

入　身　密着・真剣勝負

武蔵が刀を片手で扱い得た理由は、その並外れた腕力によるものではなく、全身を媒体として天地の力、重力を使ったためであることはすでに述べました。さらにもう一つの要因に、その真剣勝負の技が「入身《いりみ》」であったことにあります。

　しうこうの身《み》という事　秋猴《しうこう》（手の短い猿）の身とは、手を出さぬ心なり。敵へ入身《いりみ》に少しも手を出す心なく、敵打つ前、身をはやく入《い》るる心也。（『五輪書』水之巻）

このような技は、現代の剣道や剣術にはほとんど見ることはありませんから、なかなかイメージしにくいかと思います。合気道には「入身投げ」という、相手に密着する技がありますので、その経験のある方であれば分かりやすいかも知れません。

「手の短い猿のように、手を出さないで」ということは、普通に手を伸ばして構えたりしないということでしょう。両肘を体幹にぴったりとつけたような状態で剣を下げると、ちょうどこうしたイメージになります。このとき、二刀を持っても、一刀のみでも構いません。そのままに、真っ直ぐ相手に密着するように入っていきます。

しっこうの身という事　漆膠《しっこう》（漆とにかわ）とは、入身《いりみ》に能《よ》く付きてはなれぬ心也。敵の身に入《い》る時、かしらをもつけ、身をもつけ、足をもつけ、つよくつく所也。…敵の身へ我身《わがみ》をよくつけ、少しも身のあいのなきようにつくもの也。

にかわのようにぴったりと相手に密着するには、全身の筋肉を最小限の伸筋を残し、可能な限り脱力し、液体のように使う必要があります。「いり・み」には「水のように」入っていくという含みも感じます。技の具体的な話では、このとき右手に太刀を持っているとして、肘は体幹につけたまま前腕を少し上げて相手に密着すると、刀を相手の首筋に滑らせるように押し切りにすることができます。これは相手と試合うというより、ひたすら相手にくっつくように入っていく動きです［写真］。

大時代的な喩えになりますが、匕首を持った刺客が狙う相手の懐に突っ込むイメージと似ていなくはありません。腕を使わずに全身で剣を使うということがお分かりいただけるかと思います。

この相手に有無を言わさず入身することが武蔵の真剣勝負法の一つであったことは間違いないでしょう。

もちろん、手を出さずに真っ直ぐ入っていけば相手も切ってくるでしょうから、それを避ける必要があります。「敵打つ前、身をはやく入るる心なり」としているように、相手が打ってくる

1

武蔵真剣勝負法「入身」

2

3

4

前に密着するのですが、それはどのようにして可能にするか。

『五輪書』（水之巻）に、「しうこうの身という事」「しっこうの身という事」に続き、「たけくらべという事」という項目があります。

> たけくらべというは、いづれにても敵へ入込《いりこ》む時、我身のちぢまざるようにして、足をものべ、こしをものべ、くびをものべて、つよく入り、敵のかおとかおとならべ、身のたけをくらぶるに、くらべかつと思うほど、たけ高くなって、強く入る所、肝心《かんじん》也。

私はこの項を読んで長い間どうにも理解出来ませんでした。相手と背比べをするように大きく全身を伸ばし強く入っていく。このことが、前項の「手の短い猿」や「にかわ」のようにというイメージとどうしても繋がらなかったためです。

どういうことなんだろうと考えながら、稽古研究を重ねて、十五年以上経ったあるとき、ふと思い至りました。これは身の状態を変化させる、陰陽の変化を伝えているのではないか、と。

つまりは、身体を背伸びするように大きく開いて、強い圧力を相手にかけて入っていく。当然、相手は打ってくるので、そこで一気に全身を脱力させ、閉じる。身は少し地に落ちる、液体のように使う…。

小さな氷山のような氷の板が近づいてきて、それがあるとき一気に溶けてアメーバのような流体に変わって吸い付いてくる様を想像してみてください。固体として歩いていたものを流体化させる質の変化で加速できますし、地に流れるように縮むので、相手の距離感を狂わすことにもなります。

「たけくらべ」とは自らの存在感を相手に大きく植え付け、これを一気に変えて入身に繋げる陰陽の変化を語っているのだと腑に落ちたのです（もちろん私個人の解釈なので他の応用も可能であることは言うまでもありませんが）。

これを上手く行なうと、「入身」の瞬間に一瞬相手の視界から消えてしまうような印象を与えることができます。

剣術の技というものは、合気の技と同様であり、相手への情報を変化させることを行なうので、技を受けたほうは何が起こったかわからないままに敗れていたということが普通にあるものです。

このように、武蔵は身体の開合、固体から液体といった陰陽（虚実）の変化をもって技を使ったものと考えています。自らを相手にどのように見せるか、看板のようなイメージを相手に見せ、それを変質させることにより技を使った、と。

この身体使いは日本武術の専売特許ではなく、やはり道教の影響を受けた太極拳などの「内家《ないか》拳《けん》」と呼ばれる拳法にも見られます（内家拳とは、筋肉など身体の外側を鍛えることを主眼とした少林拳などの拳法に対して、内側の気を練ることに重きを置く、太極拳、形意拳などの拳法を指します）。そこでは、やはり身体を水として使い、身体の内部にエネルギーを溜め込み、一気に放つ「発《はっ》勁《けい》」という打ち方がありますが、一度固定した身体を一気に弛緩させることで行ないます。水の入った風船を破裂させるような感じでしょうか。

これは、まさに陰陽の変化、固体から液体への変化によって気体であるエネルギーを放つわけです。私は、太極拳の理論を学ぶことで古流の剣術への理解を深めることができました。また、太極拳の形のような、柔らかくゆったりと動くメソッドが日本においても古には多く行なわれたとも想像しています。

見る 「観の目」強く

相手に自分を見せながら、こちらはもちろん相手を見ます。みることについて、武蔵は「観見《かんけん》二つの目」と書いています。

兵法の目付という事。…観《かん》の目つよく、見《けん》の目よわく、遠き所を近く見、ちかき所を遠く見る事、兵法の専《せん》也。(『五輪書』水之巻)

「見《けん》の目《め》」が視覚による情報を言うのに対して、「観《かん》の目《め》」とは、心で見ること、感覚的な情報のことを指しているのでしょう。

日常生活で、初めて人と出会うとして、目で相手を見ながら、心では、相手の姿や仕草、顔の表情などから相手の人となりを感じることは誰もが自然に行なっていることと思います。仕事上の交渉なども、この観の目を働かせることで、トラブルを避けてスムーズに行ないやすくなるものです。何か物を買うときにも、心の目をもって品をよく見ることで、満足できる買い物となるはずです。

例えば、絵画などの芸術作品を鑑賞するにしても、視覚情報だけではなく、その画家がどんな時代にどんな人生を送り、どのような気持ちを込め、どんな筆使いで書いたかなどを想像することで作品をより深く味わうことが出来ます。

見せながら見るということでは、舞台上で俳優は身体と演技を観客に見せながら観客を目で漠然と見つつ、心では観客の反応や息づかいを見て演技をしています。商店では、商品や看板を見せながら、入ってきたお客を観察して応対します。学校の先生は自分の姿を生徒に見せながら、生徒を見つつ授業を行ないます。

つまり、このことは誰しも仕事でも日常でも行なっていることです。ここでは、「観の目つよく」と心の目を磨くことを説いているわけです。

次の「遠き所を近く見、近き所を遠く見る」ことは、実際に試してみると面白いので、おすすめしたいところです。私は雑踏を歩くときなどによくこの「目付《めつけ》」を使っています。この意識を用いると視野が広がり、空間を俯瞰するような、自分は一歩現実の外にいて客観的に眺めるような、そんな感覚になります。普通に歩いていると、近づいてくる相手や障害物に気を取られてストレスを感じたりすることもありますが、この目付をもって歩くと、無心に近いような感覚で歩くことができます。しかも意識は広がりながらも偏りはなく、近くにある障害物にも何の気なしに全く自然に反応できるような感覚です。

刀を持った相手が切り掛かってくるという、ストレスどころではない極限の状況に、無心に対応できる秘密の一つはこの目付にあるように思います。

さて、目付けについて武蔵は「観見二つの目」以外にも、具体的なテクニックとして、「目の玉うごかずして、両わきを見る事肝要《かんよう》也」と書いています。

同様のことを、柳生宗矩は「二目遣《ふたつめつか》い」と書いています。「みる様《よう》にして見ず、見ぬようにして見て、間々《あいだあいだ》に油断なく、一所《いっしょ》に目をおかず、目をうつしてちゃくちゃくと見るなり」（『兵法家伝書』殺人刀）

*

ところで、皆さんは人混みの中を歩くことはお好きでしょうか。いろいろな気が飛び交う雑踏を抜けることにストレスを感じる方もあるかと思います。私も、以前は決して好きではありませんでした。ところが、このような稽古を始めますと、街中の人混みはそのままに、道場へと変わります。

稽古といっても、自分の感覚と向き合い、その使い方しだいで見る世界が変わる、という驚きと発見に溢れた楽しいものなのです。歯を食いしばって辛さに耐えるといった類の苦行ではなく、遊び感覚で行なえますし、自分の中の未知の能力を引き出す喜びもあります。単に歩くことをとっても、日常の歩きを意識して行なうことで、常に剣の枢要を稽古していることになります。

「音を立てずに歩く」「重心を少し落として」「（歩くの項で見たように）踵で大地を踏んで歩く」「ゆっくり、今度は早く、とリズムを変えてみる」…いろいろ試すことで、常に新しい気付きがあり、本当に楽しいものです。これは、まさに日常の歩きを通して小宇宙の身体と大宇宙である空間と対話していることにほかなりません。

他には、食事の後の洗い物などはあまりお好きな方はいないと思いますが、そんなときも、いかに肩の力を抜いて、無駄な力は使わずに、食器の中心をうまく捉えて、などと考えて行なうと、私には即貴重な稽古の場となり、ありがたく取り組めます。掃除洗濯なども同様です。

満員電車に乗ることはあまり愉快なことではありませんが、この時間も活用できます。パリのメトロには混んでる時間帯が結構あり、またスリがうようよ居ます。私はメトロを利用する際、ホームや車両では、さりげなく分からないように周囲の人間全員に意識を向けます。で、かりにスリがいるとすれば誰だろうと、全員を見ないように観察します。電車の中で、じろじろ人を見ることは出来ませんから、本当にさりげなくです。スリ担当の刑事や重要人物のＳＰになったと仮定して、周囲の全員に気を配るのは面白い遊びのような稽古です。

そんななかでたまたま本当にスリがその仕事を始めるような場面に出くわすこともありました。隙だらけの観光客に静かに何気なく近づく様子がすぐに分かりました。その時、じっとその相手を見ていると、向こうは私に気がつき、最初は何食わぬ顔でしたが、最後はニヤッと笑って去って行きました。

禅では、日常の作務の全て、行住坐臥《ぎょうじゅうざが》を修行と捉えるのですが、それは武道も同じことなのです。

昔の侍の作法では、食事で箸を使うとき、右手で箸の元のなるべく先端を持ち、反対側の箸先は５分（約１・５センチ）を使って食物を取るように躾けられたといいます。このようにお箸の両端だけを使うという、わざと使いにくくするような作法を取らせるのはどうしてでしょうか。こう持つと、最小の力でお箸を効率よく使い、食物の中心を上手く捉えないと、上手く取れず落としてしまいます。剣を学ぶようになって分かったのですが、このことは、刀を取り、対象の中心を捉えて切ることに、そのまま繋がっています。昔日の武家の日常の立ち居は全て剣のそれと一つだったのでしょう。

こうして日常生活を道場としていくと、人生に無駄な時間は少しもなくなってしまいます。どんな時も自分の身体と空間と向き合える、常に驚きや発見のある楽しい時間に変わるのです。退屈な日常や労苦を楽しく自分を成長させる有益な時間に変える。これもある種の錬金術と言っていいのではないでしょうか。

それだけではありません。

私は初めに能の修行を志したものの、結局のところ、能楽師としてその世界に生きることにはなりませんでした。その社会とは波動が合わずによく馴染めず、ついに日本社会からも逃げ出した人間です。もちろん「挫折」ということになりますから、絶望しかけ、辛い日々を過ごしたこともありました。

ところが、剣と合気に出会ったことで、全てが結ばれ、過去に経験したことが何一つ残らずに今に生かされることになりました。そして、武と舞の一致という独自の道、昔日にはあったものの、今日には失われた道を拓くことになって行きました。失敗や挫折というものは全てかけがえのない黄金に変わることを身をもって知っていったのです。今から思えば、その辛く厳しい経験も含め、全ては何かの大きな流れに導かれたものであったように感じています。

うつす　「水月鏡像」の境地

心《こころ》は水の中の月に似たり、形《かたち》は鏡の上の影の如《ごと》し。

…神妙剣《しんみょうけん》の座《ざ》を水にたとえ、わが心を月にたとえ、心を神妙剣の座へうつすべし。心がうつれば、身が神妙剣の座へうつる也。心がゆけば、身がゆくなり。心に身はしたがう物也。

（『兵法家伝書』活人剣）

心を月に喩えることはわかるにしても、「神妙剣の座」とはなんのことでしょう。そもそも新陰流は一子相伝的な秘密主義をとっていたようで、「この三巻にしるすは、家を出《い》でざる書也。しかあれど道は秘《ひ》するにあらず。秘するは、しらせむが為《ため》也」と、秘伝は伝える人をよく選んで伝えるべきとのことも記しています。

用語は暗号化されているために、口伝によって補う直接の教えがないと分からないようになっているわけです。ところが幸い、その子息柳生十兵衛がその著作で暗号の意味を明かしてくれています。

神妙剣の事　老父云、中墨と云也。太刀のおさまる所なり、へそのまわり、五寸四方なり

（『月の抄』）

つまりは、「神妙剣の座」とはみぞおちからへその辺り、ちょうど丹田のある辺りのことを指しているとのことです。なるほど、剣は確かに身体の中心のその辺り、丹田にて使うので、そう

呼ぶのでしょう。自分の心を相手の中心に月のようにうつす、その心に引かれて身体がそこにうつっていく。これは、心の働きの速さの喩えでもあり、「ただとおき天の上から、間もなくそのままうつるという心也」と続きます。遠い天上の月の映像が瞬時に地上の池の水にうつる早さの喩えです。

さらには、「鏡をば神妙剣の座にたとえ、我が身を影の如くに神妙剣の座へうつせ」。すなわち、自分の心が相手の中心に月のようにうつり、こちらの姿は立ち会った瞬間に相手を鏡としてうつる影となる。これは心で相手を見ているというより、相手と一つになったような感覚でしょう。

これが成り立つと、相手の心は自分の心であり、相手の動きは自分の動きであるような感覚になっていきます。光と影、陰陽が入れ変わります。心を放つ実体の自分が、相手の影となってうつっているのです。自分は相手の影ならば、相手が動かなければこちらは動きませんし、相手が動けばその影である自分は動く。このときは心を相手の心にうつしているため、自分の動きは主体的なものでなく、相手が動かしているものなのです。まさに相手の映像ですので、自らが主体に動いているのでは決してありません。相手が切り掛かってくるとしたら、その力は鏡にうつる自分の映像に向かうことになるわけですから、自ずと切り掛かった自分に返ります。しかも、我彼の力が重なるため、倍増されることになります。鏡にうつる自らに切り掛かると、どうなるでしょうか。自らに斬られるように、気が付いたら倒れているわけです。もちろん攻撃しない以上、影は動きませんから、何も起こりません。

自らは、心を相手にうつし、決して攻撃することはないが、攻撃された場合その影として応じ、相手は自滅する。

この「水月鏡像」こそが新陰流剣術の極意なのです。というより、これは日本剣術の極意と言えるでしょう。歴史編で見た、鹿島の「一之太刀」を新陰流に表現したもので、実際には各流派に伝わるものです。因みに、新陰流では「合《がっ》し打《う》ち」、一刀流系では「一《ひと》つ勝《がち》」あるいは「切《き》り落《おとし》」などと呼ばれる技もこれに連なるものです。「合気」という言葉はこの原理を、剣術の技としてでなく、総合して表したものといえるかと思います。

相手の心に自らの心を結び、相手と一つになった状態でその影として動くと、両者の間にS極とN極の磁石のような力が働き、こちらの力ではなく、相手との間に生まれる引力に動かされるような感覚を覚えます。これは、現代の科学では解明できないでしょうが、神経伝達は電気信号であり、太陽神経叢のあるみぞおちあたりに心をうつすことで、何かしら電気的な力が働くのかとも想像します。ともあれ、この心の技である「一之太刀」には筋力を超えた磁力のような力が働くように感じます。

我を捨てて相手と一つになったときに、このような力が働くのでしょうか。また、これは先に見た、武蔵の入身の働きと通ずるものも感じられます。

居合　拡散と凝縮

日本刀を使う武術に、居合《いあい》があります。剣術が概ね対人（二人）で行なわれるに対して、居合では、一人で刀を帯びて、その抜き納めを繰り返すという稽古を行ないます。

居合にはさまざまな様相があり、傍で見るとおそらく何を行なっているのか、よくわからないのではないでしょうか。

これは私の考察によるものですが、源流になるものは、「居合抜き」と呼ぶこともあるように、武士が戦場において陣中で休息中などで、不意に敵に襲われたときに速やかに抜刀し対応する技であったと思われます。

「刀を抜くのに手は使わない」必要があります。と書くと、禅問答的に聞こえるかもしれませんが、実際にそうなのです。抜刀は体捌きで、全身を使って行なうのです。

例えば、座った状態から立ったときにはもう腰の鞘の中にある刀は抜けている。立った状態であれば、一歩出たときに刀は鞘を離れている。あるいは立った状態から垂直に身体を落とすだけでも構いません。この全身を協調させる動きにより、刀身は鞘を離れるのです（手と腕だけで抜くのではない、ということです）。

これをさらに武術的に使うと「居合術」となります。「立合《たちあい》」とは両者剣を抜いて構えたところから始まりますが、「居合」では、剣は鞘の内に、刀を構えた相手に向かいます。剣を抜かずに身体を相手に晒《さら》し、相手に斬って来させるわけです。相手が斬る刹那、その拍子に合わせ体捌《たいさば》き、こちらの身体は相手の前から消え、こちらの剣が相手の前に現れるという技の構造です。相手は、自分が勝った（斬った）と思う瞬間に何が起こったかわからないままに敗れていることになります（無論、相手が斬って来なければ何も起こりませんが）。

相手と拍子を合わせて剣を抜くわけですから、抜こうと思ってから抜くのでは間に合いません。それこそ、新陰流の教えの「水にうつる月のように」、相手の攻撃してくるエネルギーや思い（電気信号として）をうつし、それによって自然に動かされるように体捌きが行なわれ、結果、刀は鞘を離れ、相手に向かっている。このシステムをつくるための終わりのない稽古なのです。

熟練者の居合をみると、抜刀、納刀共に流れるように行なわれるため、簡単なように見えますが、初心のうちはなかなかそうはいきません。刀を鞘にあてないように、両者の構造に沿って慎重に抜き納めを行なうことから始まります。慣れてくるとまた、これは油断に繋がり、私も真剣での抜刀中に左手の親指を二回ほど切ったことがあります。一度は生徒たちの目の前でした。

他流派の道場に呼ばれて講習を行なうことがあるのですが、そのような機会では、長年稽古を積まれた方もおられるわけで、他所から来て初めて指導するとなると当然に値踏みされるような（「この人は一体どのくらい使えるんだろう」というような）空気が当然あります。そんな場合、有無を言わせないような演武を見せて納得してもらうようにすることが多いのですが、そのときもフランスのピカルディ地方の初めて訪れる道場でした。「ここは凄い居合の技を見せなくては…」と意気込んだ結果でした。

そんなに深い傷ではなかったのですが、結構血は流れました。講習の参加者にはお医者さんもいて、皆で寄ってたかって包帯を巻いたりして、手当てをしてくれたのですが、まあ、これもいい稽古になったと思っています。刀から、厳しくも大切な教えを受けたということですね。

不思議なことに、指先の怪我なのに痛みは全くなく、治りも非常に早かったことをよく覚えています。

話を戻しますが、肝心なことは、何より腕で抜かないこと、腕の力を使わないことです。では、何で抜くのか。もちろん、丹田というバッテリーに凝縮した天地の力（重力、位置エネルギー）によって、です。臍下の下丹田という球状の意識に、両足から重力の反作用として上がってくるエネルギー、また上半身の重みの位置エネルギー、さらには刀の重みのエネルギーを凝縮させます。そのとき、身体の中心（ここでは臍下丹田）と刀の中心（ちょうど鯉口と呼ばれる鞘と鐔《つば》が交わる辺り）を一致させます。

そして、一歩出る、膝を抜く、身体を倒す、立ち上がるなどのさまざまな体捌きにより、身体の水を揺らし、丹田の鞠のような球状の意識を弾ませ、その爆発するエネルギーを左右の手に伝え、身体は鳥が羽ばたくように開き（開合の動き）、自ずと剣は鞘を離れることになります。そして、剣の上にそのすべてのエネルギーを集中させるように放射します。

また、中心の力、丹田からのエネルギーを鞘と刀身に伝えるには両腕を十分に脱力させることが必要です。

こうして放射し拡散させたエネルギーは納刀することによって、また両手、両足、上体そして剣から身体の中心、丹田にゆっくり凝縮させます。すなわち、抜刀と納刀はエネルギーの拡散と凝縮、ソルヴェ・エト・コアギュラの稽古にほかなりません。

「元の鞘に収まる」「反《そ》りが合わない」などの言葉がありますが、鞘と刀身はまさに陰と陽であり、左右の両手を同時に扱い、天地上下、前後左右への偏らない動きによる居合はそのままに陰陽の裁断、そして合一の稽古なのです。

さらに、剣という神器の陰陽（カ・ミ）は、ミクロの身体とマクロの空間を結ぶわけです。

残心　不生不滅の剣

武道では、「残心《ざんしん》」ということを言います。立ち合った後、仮に相手が倒れたとしても決して油断をするな、再び相手は立ち上がり攻撃してくるかも知れない。あるいは、たとえ勝ったとしても、それにとらわれると慢心に繋がることもあるから、決して気を緩めるな。いつも心を残して働かせよ…。そんな風な意味で使われる言葉です。

柳生宗矩は、これも「止まらぬ心」と繰り返し表現しています。勝ったと心を留めてしまうと、たちまち足をすくわれてしまいかねません。

心をかえすというは、一《ひと》太刀《たち》うったらば、うった所に心ををかず、うってから心をひつかえして敵の色を見よ。…ここを油断して、敵にうたるる物也。（『兵法家伝書』活人剣）

その師である沢庵と一つです。

心は、何処にも置かねばば、何処にもあるぞ。（『不動智神妙録』）

しかしそれでも、何処にも止まらず、何処にもある心は、立ち合い、切り結んだ後に、相手の心に止まり、残ることがあります。

上泉伊勢守の祈りの心が柳生石舟斎やその後継者たちの心に止まり、その心が将軍徳川家康の心に残り、「活人剣」として結実しました。そして、その心は江戸期の日本中の武士の間に止まり、平和な時代をつくる礎《いしずえ》となる。さらにその心は、植芝盛平翁をはじめとする現代武道創始者の心に止まり、それを学ぶ修行者たちの心に残り、日本に留まらず世界中に広がることになりました。

これは立ち会った相手を傷つけず、喜びを与え、人生を好転させる剣の心なのです。

そもそも、その活人剣の「心」とは、上泉伊勢守はじめ、その時代の剣聖たちが創始したものでしょうか。いや、それは原初にあったものが再現したものであることは、すでに見ました。そうです、「心」は常に残っているのです。

「心」について、宗矩は「般若心経」の一節を用いて、こうも書いています。「かたちなければ、生ずるといふ事なし、滅する事なし」。つまりは、常に有るということでしょうか。「何処にも止めなければ、何処にも有る心」。

空間のみならず時間の流れにも止まらぬ心は、時空を超えて常に有るということでしょうか。

「殺人刀」についても同様でしょう。そもそも無形の文化ですから、使う一瞬は存在するかに見えますが、次の瞬間にはもう無い。有るようで無いものです。それを生み出す心は、常に、止まらずに、有る。

天地の運行を具現化するような、「ひとをいかすつるぎ」と「ひとをころすかたな」。

それは春が来て、生まれ成長し、夏に盛りを迎え、秋に大きな実りを得て、やがて冬に終わりを迎えるという、善悪を超えた自然のサイクルのように、陰と陽、光と影のように同時にしか存在し得ないのかもしれません。殺人刀あっての活人剣、逆もまた然り。

二つ共に、常に有りながら、同時に無い。

ただ、今この瞬間に使う人の心にうつすことでしか有り得ない。うつす「人」がいなければ存在し得ませんから…。

宇宙の摂理が創造と破壊の繰り返しによる進化であるなら、小宇宙である人もその二つを心にうつすことが自然なのかも知れません。

常に有りながら、無い。ただ、縁ある人の心にうつり、そして、すなわち消える。

不生不滅。常にそこにあるのですから、時空を超えて、縁のある人はその心をうつし、技を成します。その死とともに消えてしまう。しかし、実は常に有る。

私がこれより説く上泉伊勢守と宮本武蔵の技の極意は、具体的に誰かに習ったものではありません。

不生不滅の心、原初より有った心、かの剣聖たちがうつした心、それを私が自らの心にうつす試みにより、ここに有るものです。もちろん、伝書や口伝の言葉、現代にも伝わるコード化された形を稽古研究したことが土台になりますが、そこに入れる心は修行者がうつすしかありません。うつすことの叶う鏡のような心を磨いていくしかありません（普通に言うと、インスピレーションということになりますが）。

私は三十年以上に亘り、剣の心（「合気」といっても構いません）を希求してきた上で、剣の稽古とは、この「残る心」（いわゆる「集合的無意識」と言っていいかも知れません）との結びに至る道であると感じるようになりました。

ある因縁によるのか、たまさかに不生不滅の心をうつし、技をなす。縁ある人の心に残り、同時に消えていく。

大宇宙の心を宿し、折々にふと開く花。縁のある人の心にうつり、愉しませるひともとの花。武と舞、これも小宇宙である人の心が咲かせるささやかな花であり、それを捧げる人の祈りは周囲の人々にうつり、宇宙の心にも響き、一瞬、両者を結ぶ。

そんな作業を淡々と続けることが道のように感じています。

間奏

「朝顔の手」

先に「結ぶ」の項で、「打ち」は両掌が螺旋状に閉じることによりきわめて有効となることを述べましたが、このことに気づいたのは合気柔術を学んだ経験によります。

大東流合気柔術に、「朝顔の手」という口伝があります。

敵に掴まれた手を朝顔の花のように開くという、なんとも美しく詩的な教えです。このイメージを持ち続けつつ、にわかに閃くものがありました。朝顔の蔓は螺旋状に巻きつき、その花も開くときは花弁が螺旋を描いて開くようです。

つまりは腕を、内転外転の螺旋で使い、手を開くときも労宮を中心に回転させながら開くことを花に喩えているわけです〔写真〕。

さらには、朝顔が大地に根を張り、そこから養分を吸い上げ、螺旋を描き、天に向かい花を開くように、足裏の湧泉から重力をとり、体幹・腕を通して手を開くことで技になります。

開いた手は、相手の力にぶつからない方向に伸びていきながら、また閉じることで技が完結します。

この動きを刀を持って行なうと、自然とこのような「打ち」となります。螺旋とは銀河宇宙の運動であり、小さくは手のひらにそれを形づくります。

大宇宙をうつすひともとの花、朝顔の花を閉じるように、それを小宇宙である身体の手で表し、神器の剣を使います。

「朝顔の手」

以前、ベルギーのブリュッセルで行なわれたセミナーで、この「朝顔の手」について説明したことがあります。

その後で、参加されていたロマ系のダンス（一種フラメンコのような）を踊るポルトガル人女性ダンサーが「私たちのダンスの動きも同じです」と言って、踊りながらその手のかたちを見せてくれたことがありました。両腕の内転・外転、そして両手の螺旋による開閉を行なうもので、それはまさしく花のような手でした。日本の剣術や柔術に同じ動きを見るとは思いもよらなかったようですが、それはもちろん私のほうも同じ思いでした。「武術の手」をロマのダンスに見るとは…。

舞踊という身体芸術としての美を求めて作られた動きなのでしょう。武道的には大地の力を足から体幹、そして手へと増幅しながら伝達する動きであり、身体はエネルギーを通す媒体になります。そうした発想はダンサーにはなかったようで、その後踊りが変わったと話してくれました。確かにフラメンコでは、床を爪先と踵で踏み鳴らしますが、同時に手も翻したり打ったりします。原初には大地と天を清めるような儀式的な意味があったのかも知れません。

　このフラメンコと能楽を比較してみた場合、皆さんは共通点など感じられるでしょうか。一見、何の共通点もなさそうな異文化と思われるのが普通でしょう。私も能を稽古しながら、それがフラメンコと似ているなどとは考えたことはありませんでした。

　ところが、ヨーロッパで能の舞や謡を披露すると、「フラメンコに似てますね」と言われることが何度かありました。最初は驚きましたが、次第に「そうなのか、そうかもな」と思うようになっていきました。なるほど、フラメンコでは「サパテアード」といって床を踏んでリズムを刻む動きがありますが、能でも「足拍子」といって、床を踏む振付は頻繁にあります。立ち方も胸を開き、天に吊られるような姿に共通点を感じます。能の謡のヴォーカルのテクニックとしては肚を使った深い声を使いますが、フラメンコの歌も他の西洋の歌唱法に比べて、身体の深部から絞りだすような叫びに私には聞こえます。

　本当に何らかの繋がりがあるのかも、と何となく思うようになりました。

　フラメンコなどのダンスや音楽をヨーロッパにもたらしたロマの芸術は、元はインドあたりから世界に広まったとされています。そういえば、今日のインド舞踊とフラメンコなどロマ由来の舞踊との共通点は、手の動きや足遣いに見られるように思います。

そもそも、日本文化の黎明たる天平文化がヘレニズム、つまりは古代ギリシャの影響を色濃く受けたものであることは周知のことです。中世に隆盛した能楽の源流もその時代に大陸から渡来したものであり、ほのかにヘレニズムの薫るものであり、能面や装束にはその共通性を露わに見ることができます。そして、おそらくは舞と謡の身体表現も同様ではないか、と想像できます。

紀元前にアレクサンドロス大王の東征とともにインドまでもたらされた古代ギリシャの世界がペルシャをはじめオリエントの世界と融合し醸成されたヘレニズム、それがいろいろな民族、人々によって世界に伝播していったということは自明のことではないでしょうか。その一端を担ったのが、ロマだったというわけです。

世阿弥はその『風姿花伝』の冒頭にこう書いています。

> それ、申楽延年の事態、その源を尋ぬるに、あるいは仏在所より起り、あるいは神代より伝わるといえども、時移り、代隔たりぬれば、その風を学ぶ力、及びがたし。近比《ちかごろ》万人のもてあそぶ所は、推古天皇の御宇に聖徳太子、秦河勝に仰せて、かつは天下安全のため、かつは諸人《しょにん》快楽《けらく》のため、六十六番の遊宴を成して、申楽と号せし。

申楽《さるがく》（猿楽）、つまりは能の起源はインドだと、最初に書いています。単なる伝説と捉えられがちですが、私はこれは真実だと考えています。また、世阿弥はこの渡来人秦河勝《はたのかわかつ》の末裔と自らを任じ、秦元清と名乗っています。歴史編で書きましたが、渡来人の秦氏《はたうじ》はネストリウス派キリスト教徒であったという説があります（ユダヤ人であったとの説も）。

能楽が、ヘレニズム由来の渡来人の集団によってつくられたものなら、フラメンコや西洋のダンス、またはオリエントの歌舞と似ていても不思議ではありません。ただ能の特性は日本という隔絶された場所で、禅などの影響を深く受け、極度に研ぎ澄まされ、ミニマル化しているということでしょうか。

西洋の舞踊、クラシック・バレエはどうでしょうか。ルネッサンス期にイタリアで始まったバレエは同国発祥ですから当然、古代ローマ文化の影響はあるはず。ルネッサンスとはギリシャ・ローマ文化の復興を謳うものゆえ尚更です。

西洋音楽はどうでしょうか。これもピタゴラスなど古代ギリシャの研究を源流とするものです。西洋音楽の父と呼ばれるヨハン・セバスティアン・バッハは十八世紀バロック期のドイツの作曲家ですが、古代ギリシャからの流れによる正統的な西洋音楽の土台に加えて、ロマの音楽からも影響を受け、異国風の旋律やリズムなどを取り入れて作曲している、と友人の音楽家から聞きました。私の生徒でもあり、「ソルヴェ・エト・コアギュラ」という言葉を教えてくれた、そして、私の教えによってより自由な演奏法を編み出すことが出来たと語ってくれたフランス人のクラヴサン奏者です。

その彼とは、芸術的な面でも気が合い、共に舞台作品を創作し、公演を行なう機会がありました。彼の奏でるバッハの鍵盤曲で私が能の舞や剣舞を披露していくという協働《コラボ》です。私はバッハで舞うことを極めて自然に感じ、能の囃子で舞うよりも、むしろある意味で自然と感じるほどに——というのも能では逆説的にあえて不協和を求めていることもあるのかもしれませんが——、あたかも生き別れであった兄弟、一度も出会ったことはないものの血は繋がった親族に出会ったような、そんな親しみの感覚を覚えたものです。そして、ほとんどの観客もまた、ある種の驚きと共に自然に受け容れてくれました。

こうした考察は、アカデミズムの世界ではなかなか受け容れられないかも知れませんが、想像力を掻き立てる要素があると思います。心に響くものがそこにある…と。

極めて自然に、実は、私たちの文化は元は一つであったかも知れないのです。

3 稽古の究極、剣の極意

「二つの円」 宮本武蔵

宮本武蔵の自画像ともいわれる有名な肖像画がありますが、ご覧のように二刀を引っ提げるように下段に構えています（剣を相手に向けた構えではないので「無構《むがまえ》」とも）。

この構えから相手を打つ技が、武蔵の得意技としてその「二天一流」に残され、現代まで伝えられています。実際にここからどのように斬り込むのか、想像してみてください。

宮本武蔵自画像

二天一流の形の中では、この構えのまま真っ直ぐ、刀を顔の横に上段に高く構える相手に向かって進みます。当然、相手はガードしていない面（頭か首筋）に斬り込んでくる、それに拍子を合わせ二刀で斬り上げ、左手の小太刀にて相手の「打ち」を受け止め、同時に右手の太刀にて相手の左小手を下から打ちます。これが武蔵の得意技であったようです［写真］。

実際に、『五輪書』（水之巻）にも、「五つのおもての次第《しだい》」として書かれた、上中下左右の五方の構えから繰り出される基本となる太刀筋の、第一と第三と二回にわたり、この技を使うようになっています。

この技に、数々の武蔵のいう「理」が込められています。

身体の開合を利用した武蔵の打ち方はすでに見ました。それは両手の二刀が背中で合うくらいに大きく胸を開き、手を後ろに返した構えより、しならせた背骨をエビが跳ねるように閉じて打つというものでした。ここでは、その開合が逆になります。肖像画の無構えのように、背中側が開き、胸は軽く閉じた状態です。このまま天から吊られた操り人形さながら流れるように相手に向かいます。これは相手の「打ち」を促すもので、相手は当然打ってくる（そうしないと相手は何もせずに斬られてしまうこと

武蔵の得意技

になりますから…)。

そこで、鳥が羽ばたき飛び立つように、一気に全身を開き、両刀で斬り上げます。

その際、「身を先へ打ち、太刀をあとよりうつもの」(『五輪書』水之巻)とあるように、まず身体で打つ、つまりここでは相手の打つ拍子に合わせ、その中に踏み込むように膝を抜き、身体を落下させる。その落下のエネルギーで身体の水を揺らし、鞠の如き丹田の弾む力を両手・両剣に伝達させるわけです。六〇キロほどの水の入った袋があるとして、それが落下、破裂する様を想像してみてください。かなりのエネルギーの解放があることがわかるかと思います。すなわち、身体の水を、重力を使って働かせているわけです。この時、剣が真っ直ぐに上がると、身体と刀の構造上、理にかなった動きとはなりません。一つには、関節の構造によるものです。肩の関節は球状をしており、これを使って重い刀を直線に振り上げると、少々無理な負担を肩にかけてしまいます(続けて行なうと肩を痛めることになりかねません)。それを球関節の構造を活かして、やや円を描くように振り上げると、よりスムーズに、身体への負担なく振り上げることができます。これは、身体の内側・外側の両方向の円で可能です。

皆さんも是非、ご自分の身体で試してみてください。

手をぶらりと下げた状態から、真っ直ぐにあげてみるのと、少し円を描くように上げてみるときの違いを感じてみてください。少し円を描いて上げると動きが滑らかになりませんか。

球状といえば、地球と月、そして他の惑星の動きを想ってみてください。その軌道は常に円を描き、直線に動くことはないはずです。やはり球関節にとっても、直線的な動きは決して自然なものではないと感じます（球関節とは解剖学用語で、肩関節や股関節などの接合部分が球状の関節をいう）。

また、反《そ》りのある日本刀で切り上げる場合、円を描く軌道のほうが、打ち込んでくる相手の刀や内手首に対して交わる角度が深くなり、より刃を立てやすくなります。そして、円運動で刀を使うと、両腕の動きは内転から外転に、または外転から内転に変わる、つまり陰陽の変化を伴う螺旋状の自然なものになります。

さらに、そこに身体の開合が加わります。相手が打ってくる一瞬に身体を地に沈め、その反動で一気に身体は爆発するように開く、両刀を持った両腕は脱力しているため、自ずと両刀は円を描き舞い上がる。

そうです、身体の中心部から開く、つまりは下丹田辺りから始まり、中丹田、そして両肩と開いた場合、両腕が脱力し鞭のように働くと、両刀は自然に円を描くように舞い上がります。円を描くように振るのではなく、「理」を得て動けば、剣が自ずと円を描くのです［写真］。

つまり大小の二刀は、自然に天地の間に大小二つの円を描くのです。この技においては、左手の小太刀は使い手から見て反時計回り、右手の太刀は時計回りの円を描きますが、この両方向を反対にして使う技もまた別にあります。例えば、『五輪書』（水之巻）の「おもて次第第一」に、

1

2

武蔵の基本の打ち

3

4

5

6

7

8

9

10

11

12

「理」を得て動けば
剣が自ずと円を描く

まず両刀を中段に構え、相手に入って行き、そこに相手の「打ち」を誘う、そこで両刀を手の力を抜いて落としながら、二つの円を描き、相手を打つ技があります。この時、左手の小太刀は時計回り、右手の太刀は反時計回りの円を描きます。このとき両刀を落下させ、そのままの道筋で回転させることになり、刀の重みによる位置エネルギーをそのまま打つ力に変換することができます。また、そこに身体の開合を加えることはいうまでもありません。その後に、無構えになり、下から打つこの得意技につながります。つまり、両刀ともに、双方向に円を二回描いているわけです。ちなみに、この二つの円は、「武蔵鍔」に見られるように、交差するものになります。

また、両刀共に反時計回り、あるいは共に時計回りに使う技も無論あります。いずれにしても、宮本武蔵の剣技は、先に見た「入身」と、この「二つの円」を核心としています。

左右両肩の球関節は自転し、手にある剣はその周りを公転する。私はそこに地球と月のような小天体を見ます。それを上から操る自らは、相手に向けて二つの天を公転させるものとなるでしょうか。

禅では、円が宇宙を表すように、この二つの円は武蔵にとって陰陽二つの天を表すものであったのでしょう。「二天」との号はそのままに、その剣技の極意でもあったわけです。

画家としての武蔵も、当然、両手を使ったであろうと思います。両手に同時に筆を持ったかは分かりませんが、時には右手、時には左手で剣の如く筆を持ち、緊迫感ありながら柔らかい線を描いて行なった、と。重要文化財に指定されている「枯木鳴鵙図《こぼくめいげきず》」などをよく見るにつけ、剣聖が左右の手に筆をもち、火と水、陰と陽を結ぶべくして、左右左、右左右と線を引いたのではないかと想像します。

そして、武蔵鍔にも見られる交差する二つの円の図像、ヴェシカパイシス。それは先に書いたように、神聖幾何学における誕生のシンボルです。一つの細胞が分かれ二つになった、全ての始まりを意味します。

ここで、思い出されるのが、大江匡房による『闘戦経』の最初の節「我が武は天地の初めにあり、しかして一気に天地をわかつ」。つまり、一つを二つにし、ものを生む力こそが武であること。大きくは、細胞分裂を促し、生命を創る宇宙の働き、小さくは、木や布そして食材を裂き衣食住を生み出す人の働き。

武蔵の言う、太刀の徳をもってする兵法とは、その宇宙の根源の生産の力を、小宇宙の身体で体現することにあったのではないでしょうか。二つの天を自らの身体と大小の太刀で創ることで、大宇宙のフラクタルとなす、と言っていいかも知れません。

「黄金螺旋」　上泉伊勢守

歴史編で述べた新陰流の「猿廻」「一刀両断」。日本剣術の奥義である技の、ここではその極意について見て行きましょう。

この技の構えは件の「沈龍の構え」（脇構え）です。

左足を前に一重に右に向け、低く剣を下げて構えます。相手にその剣は見せながら、同時に自らの左面（左首筋）は相手に差し出すように「打ち」を誘います。相手を攻めつつ同時に誘う、まさに「懸待表裏《けんたいひょうり》」の構えになります。ここから身体を車のように回転させて使うため、「車《しゃ》の構《かまえ》」とも呼ばれるこの構えから打つときは、左転（反時計回り）で行ないます。この回転が求心力を帯びることもすでに述べました。

左転にて打つ前に、遠心力を帯びる右旋にて相手を誘います。脇構えの左足の踵を浮かせながら身体をさらに沈めるように右に少し回転させます。この右旋は、相手から見ると、左面はさらに開き、沈龍はさらに沈むために相手を誘い込むような動きとなります。実はこの時の右旋の遠心力はごく微妙に相手に絡むが如く働かせているのです。相手を浮き足立たせるように、ともいえます（これはイメージだけではなく物理的なエネルギーの世界の話です）。

相手が、与えた誘いに乗るが如く打ち込んだとき、即座に左足の踵を落とし左転しながら打ちます（「一刀両断」の形では、不殺の意味をこめて相手の「打ち」を受け止めます。受け止められた相手の中心線状に剣を付けます。そして相手は負けを知り、剣を持つ手を上げる。そこに残心の意味で「二の斬り」をつけます）。そこには左転の求心力が加わります（地球の自転のエネルギーとの関係で左転には求心力が働くことはすでに述べました）［写真］。

「猿廻」（正面から）

1

2

3

かくて、右旋と左転という陰陽の変化で相手と結び、打つわけですが、虚実の変化はそれだけではありません。重心移動、すなわち軸にする足の虚実の変化が武道の要諦ですから、当然ここにもそれはあります。左右の足の間のみならず、爪先（土踏まずの湧泉に近い母指球下あたり）と踵の重心移動も精密にしていきます。これは車の如く回るための回転軸を立てることにも繋がります。

「車の構え」の最初は、左足を「実」に、右足を「虚」に立ちます。（感覚的ですが、体重の八〇〜九〇パーセントほどを左足に乗せ、右足には一〇〜二〇パーセントほど各足に乗せる体重に陰陽をつけているわけです）。そして、右旋して相手を誘うときはそれを逆転します。左足を「虚」に右足を「実」に、右足にほとんど重心を移動させます。このとき、車の如くに回転するのですから、回転軸は移動しません。その場で回ることになります。両足の踵と爪先（母趾球《ぼしきゅう》）を重心として使うので、詳しく見ると、右旋するときは、左足の踵から爪先（母趾丘）へ、そして右足の爪先（母趾丘）から踵に移動して行きます。

そして打つときは、左膝を抜いて左踵を落下させるため、重心は右踵→右爪先（母趾球）→左爪先（母趾球）→左踵と移動します。

話がややこしくなりましたので、単純化しますと、左足にあった重心を右足に移動し、それをまた左足に戻し、打っているわけです。つまりは左右の軸足の陰陽の変化にて、です。

同時に身体の開合という陰陽の変化も使っています、右旋して相手を誘うときは身体を開き、それは同時に弓を引き絞るような「打ち」への準備となります。左転で打つときはその身体を閉じます。武蔵の「打ち」と同様、背骨を逸らし、エビのようにしならせて打ちます。

このようにさまざまなメカニズムに支えられた技なのですが、特に右旋と左転という二つの回転、これは三次元ですから円運動ではなく、竜巻のような螺旋の渦を創ることで成っています。右旋は拡散する渦、左転は求心する渦になります。

ここからが極意なのですが、この螺旋のエネルギーの流れをつくり出すのは単なる回転運動だけでは不可能で、身体の構造を効率よく利用することが必要になります。武蔵の「二天」で言及した球関節、ここでは股関節の構造を利用します。

股関節もまた球状をしており、そのおかげで足は前後左右に動かせますし、内向きや外向きの回転運動も行なえます。鼠蹊部を開いたり閉じたりの運動は誰しも行なえるはずです。極意は、この左転による「打ち」を行なうとき、左鼠蹊部を閉じるように、左の股関節に乗るように身体を落下させるのです。このとき、膝と足首を緩ませていると身体全体の重みが渦となって左の足の中心、湧泉から大地に抜けるような流れをつくることになります。この動きは両足を並行に普通に立ったところから、左なら左の股関節に乗るとき、左の鼠蹊部に紙を挟むような感覚で閉じるようにすると、うまく体験していただけるかと思います。このときは自然に左足に体重が乗ることになります。（実は球状の股関節の回転運動を使って剣を振ることは、この技以外でも可能で、秘伝とされ隠されながら伝えられて来たものでもあるようです。一説には、稽古に袴をつけるのはその鼠蹊部や膝の使い方の秘密を隠すため、とも言われています。）

螺旋は小宇宙のＤＮＡの形であり、大宇宙銀河の造形でもあります。人が火と水、さらには土と風で金属を錬り造った（刃の焼き入れには土が使われ、ふいごで風を送ります）、創造の道具である剣で演じる究極の技が、やはり螺旋、渦を成すことは自然なことかもしれません。とはいえ、私はそこに深い感動を覚えます。

股関節に乗って踵に落ちるとき、螺旋関節である左膝は逆の「の」の字を小さく描くように使うのですが、足裏の重心も母趾球から小趾球を通り、踵の内側、くるぶしの下辺りに移動します。そこで、ふと思いつき足裏のサイズを測ってみました。ちょうど自分が支点として立っている位置、爪先の母趾球からくるぶし下は十一センチあまり。そして母趾球下から小趾球下までは約七センチでした。右旋左転をするとき、踵を上げ下げさせ、重心線は「の」の字の逆を描いてこの間を移動しているのです。

この７×11とは、ほぼ黄金比になることに気がつきました。つまりは踵の内側の一点に重心線を置き立っている所から、踵を上げることで、その重心を小趾球下、母趾球下と移動させるときはいわゆる黄金螺旋状に力は拡

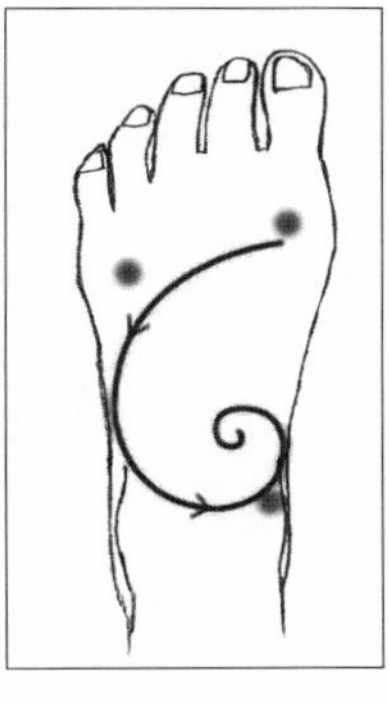

足裏の重心＝黄金螺旋上の求心力

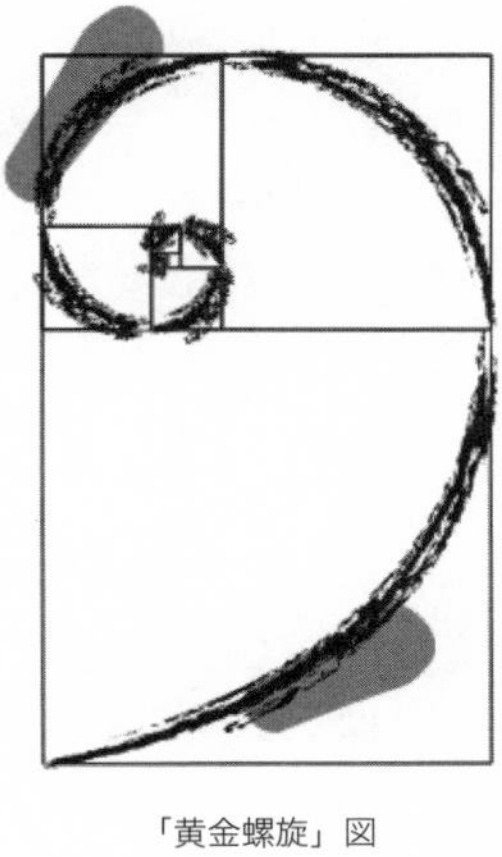

「黄金螺旋」図

散し、その踵を落とすことで重心は逆方向に移り、同じく黄金螺旋状の求心力を身体で生むことになります［図］。

また、重心移動は左足裏のみならず、左右の足の間でも行なうことも書きました。そこで、この技を使うべく左足前に自然に立ってみたところ、縦の左足の母趾球から右足の小趾球は五五〜六五センチ程度で、横の左足小趾球から右足母趾球三五〜四〇センチ程度でした。つまりは、この構えの重心移動のスペースもほぼ黄金比となっていることが分かりました。小さくは左足裏に黄金螺旋を描き、大きくは左右の足の間でも黄金螺旋の重心移動を行なっているわけです。

かくて、剣は黄金螺旋の遠心力と求心力とで、天と地の間を舞うことになります［写真］。それは身体の構造を、重力に対して効率よく利用する結果によるものです。その求心力は、足の中心にある湧泉穴を通り、大地の中心に向かいます。遠心は労宮穴を通り、剣に流れ、螺旋を描き空間に無限に広がることになります。

当然のことですが、この重心移動と剣の軌跡が常に厳密に黄金螺旋を描くとは限りません。相手や状況に応じての技ですから、それは千変万化することは言うまでもありません。しかしながら、身体の構造を活かし、球状の股関節に乗って垂直に落下した場合、剣が螺旋に渦を描くことは間違いないと言えるでしょう。

そのためには、正確に回転軸を定めて立つことができ、そのうえで重心を集めて垂線にし、それを移動させることができるようにする。そして、十分に脱力し骨格上正しく、最小限の力で剣

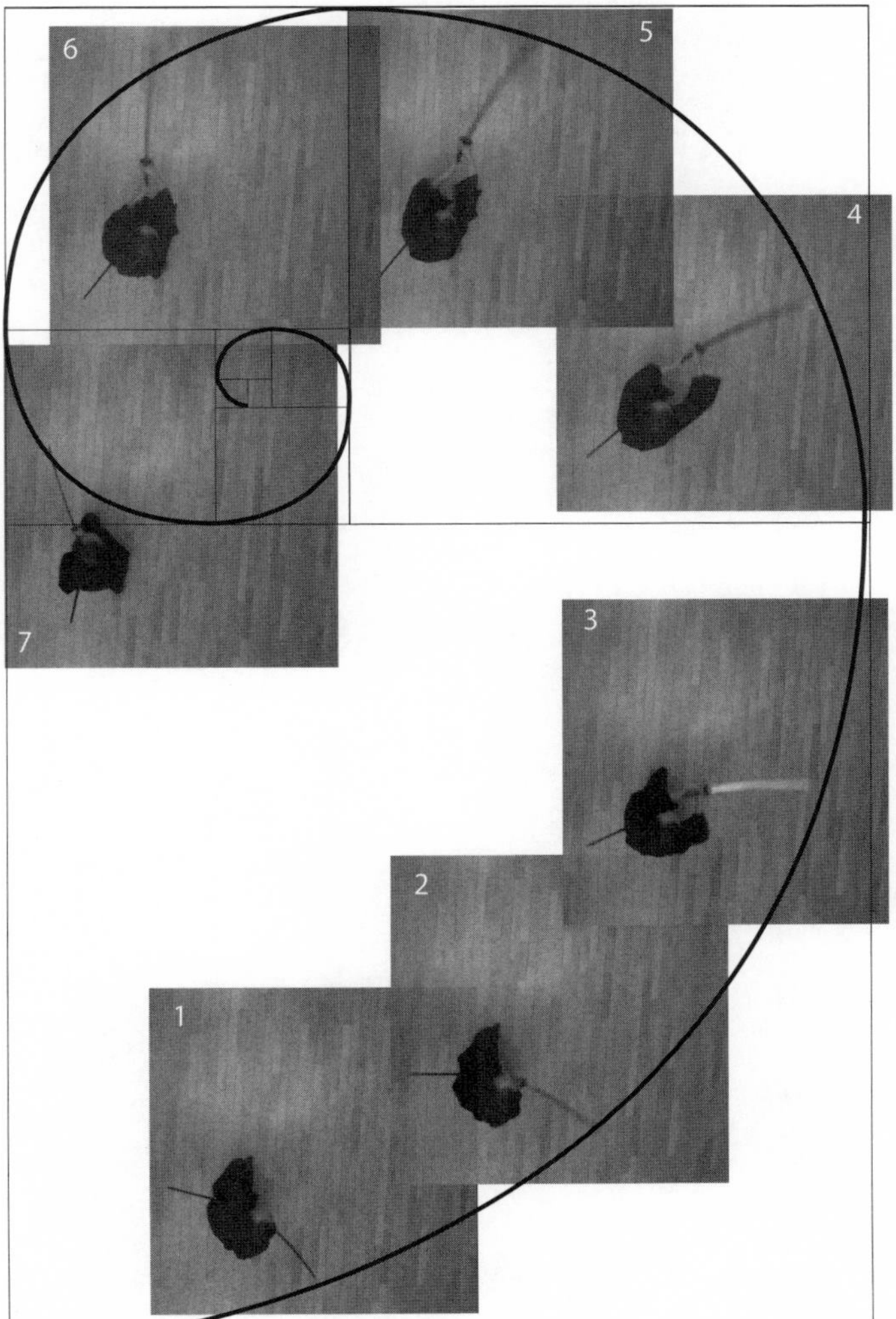

「黄金螺旋」（「猿廻」を上から連続的に見る）

を振れる身体とそれを導く意識がなくては叶いません。

　この技は上泉伊勢守が修めた、愛洲移香斎の陰流の「燕飛《えんぴ》の太刀」といわれる形の中の「猿《えん》廻《かい》」という太刀に由来するものです。伊勢守は、この技より「奇妙を抽出し」それを核に新陰流を成したと、石舟斎に与えた『影目録』の中に記しています（このまま「猿廻」として使うと、打ってくる相手の拳を打つ必殺技となり、相手の「打ち」を受け止めると、相手を傷つけずに争いを終わらせる「一刀両断」となります。同じ技を「殺人刀」と「活人剣」に使い分けることになります）。

　なるほど、「沈龍の構え」から回転して打つ様は、手を使わず若干身体を倒しているもので、「猿が廻る」という名には似つかわしく、その太刀筋は燕が飛ぶ様をも思わせます。猿廻はまた、「円快」という漢字が使われることもあり、「黄金螺旋」に廻る太刀がこの上なく快い円を描くのは至極当然のことです。伝説の伊勢守は「我が剣は天地と一つ」と石舟斎に語ったと言います。宇宙の創造、増幅を象徴する黄金螺旋、果たしてそれを伊勢守は知っていたのかどうか。

　言葉として知らなくとも、黄金比は至る所に見ることができますし、渦も自然を観察すればいくらでも見つけられます。宙《そら》を見ても星雲は渦巻き、旋風《かぜ》は吹き、鳥は螺旋に舞う。海を見れば渦潮があり、貝殻を見ても螺旋がある。草木や咲く花を見ても然り。

　いや、これらに似せたということではなく、無心に身体と空間を結んで剣を使うことで、自然に宇宙の働きをうつしたということなのでしょう。細かく見てきたように、身体の構造がそうさせるのですが、無心になるとひともとの花のように宇宙をうつすということでしょうか。

日本剣術の究極とは、真に無になること（小我を宇宙の心に調和させることともいえます）で、身体と神器で虚空《こくう》に描く創造の渦、黄金の螺旋なのです。

おわりに

フランス、パリに住みながら日本文化の紹介・普及に携わるようになり、ヨーロッパの国々をはじめ、アフリカ大陸やアラブ諸国、そして北米など、さまざまな場所を巡りましたが、いずれの国でも程度の差こそあれ、例外なく熱い興味と関心を持って迎えてくれました。単なる異文化への興味を通り越して、日本文化に対してのある種の飢えのようなものさえ感じられたものです。

その理由をいろいろと考えて思うに、それはかつて自分たちも持っていたものであるにもかかわらず、文明が成熟するにつれ（特にルネッサンス期以降）、いつのまにか隠されてしまい、いまやほとんど失われてしまった何かを、日本はその文化の中に大切に守り、残していることが一つではないかと思うようになりました。それを一言で言うなら、「和」であり、切り離された個々、自他、人と自然、物や空間にいたるあらゆる調和を見る思想です。主語を用いることが必然でなく、曖昧さを残す日本語は、それを助けるのかも知れません。

そもそも、このような「和」の思想、文化とはどのように醸成されていったのでしょうか。

その原点は何より「縄文」にある、と私は考えています。一万年以上続いたとされる縄文時代は、武器で傷ついた埋葬者の見られないことからも察せられるように、戦乱のほとんどない平和な時代だったようです。鋭い石器で刃を作る技術はあったものの、それは戦に使われることなく、狩などの食糧調達、家屋の建造、衣服や勾玉などの装飾品、つまりは衣食住のための文化を創ることに使われたわけです。ここで醸成される「武」はまさに「和」を創り、そして護るものだったのでしょう。後に弥生時代、稲作と農耕が普及するにつれ、貧富や階級の差も出てきて「武」は闘争にも使われ始めることになり、むしろそちらのほうが大きくなっていくことになるのですが。

先に科学（science）の語源が、ラテン語の「切る」であると書きました。つまりは物事を切り分け、分析していくことが科学の始まりというわけです。その分析の刃で人類は文化のみならず科学文明も築いてきたわけですが、それが過ぎればともすると身体と心も切り分けたままに、人と自然も切り分けたままになりかねません。

文明が生まれ、国家の運営が始まると、統治者は民衆を束ね、コントロールしていく必要があります。古代のローマ帝国以来、いやおそらくそれ以前より、分断し統治するということが行なわれてきました。

フランスはローマの属州でしたが、分断統治の名残は今でも色濃く残っています。例えば、北のブルターニュ地方とノルマンディ地方、東のアルザス地方とロレーヌ地方などの、隣り合う地域ではお互いに対立するような感情を植え付けられており、現在でもなお、ライバルのような関係をそこに見ることがあります。以前、ノルマンディ地方でセミナーを行なった際、参加者のまだ幼い少女が懇親会の席で「ブルトン（ブルターニュ人）は自惚《うぬぼ》れがすぎる」というようなことを真顔で話していて、驚いたことがありました。

また、ロレーヌ地方のカフェで、うっかり「アルザスのビールありますか」と尋ねたところ、「そんなものあるか！」と、けんもほろろに躱《かわ》されたことがあり、尋ねた自分が迂闊であったと苦笑したものです。

こうして、近隣同士をいがみ合わせることで上の権力への一致団結した反乱を防ぐ、という意味があるのでしょうが、流石に見事な仕掛けであると感心せざるを得ません。さながら旧約聖書の「創世記」にある、知恵をつけすぎ神に迫ろうとしたために、それまで一つであった言語が様々に分けられ、一つであった民は世界に散らされたという「バベルの塔」の物語を思わせるが如くです。また、歴史的に見れば、そうした分断は必ずしも悪ではなく、それによって地域は団結し、郷土意識は高まり、隣国と競い合って独自の文化を育てたり、スポーツなどの対抗戦を楽しむなどの娯楽ともなります。

とはいえ、常に分断されたままではどうでしょうか。ある時は結び直すことも必要ではないでしょうか。実は元は一つであることに気づいて結ばれることで新たなものが生まれ、それまで見えなかったものが、次元が上がって見えるようにもなるはずです。

その一助として、和の文化、結びの技である日本武道「剣《つるぎ》の術」について語ってきました。本文で見てきたように「剣」とは「切る」ことにも使え、「結ぶ」ことにも用いる、まさに諸刃の道具であり、思想なのです。現在なお、宗教や民族間の対立に明け暮れる世界が目の前に広がっています。その中で日本に生まれ、その思想と文化を身につけた者の役割はますます大切であると思っています。「ソルヴェ・エト・コアギュラ」という、切り分けながらも同時に結んでいく思想と術こそが「和」であり「剣による武」なのですから。

　翻って今日の日本を見てみると、どうでしょうか。社会は、勝ち組と負け組、保守派と革新派、何々推進派と反対派などと分断され、隣国との関係にも楔を打ち込まれた上に、火に油を注がれる事態も多々見受けられるようになっています。人々を分断することで誰が得をし、喜んでいるのかを批判的に考察することも必要ですが、我々は「和」を貴しとし、結びの技をその中に持つ民族なのだと想い起こすことが混迷する世界に貢献できる道ではないかと考えます。

　そのためには、自らの身体を心と、そして魂とを結んでいくこと。前段階として、まずは身体という奥深い小宇宙に分け入ることが必要であると痛感し、その術の一端をここまで語ってきたものです。

　現代文明の恩恵を受け、我々はそれを享受しています。何事にも光と影はあり、科学技術の発達によって生活がどんどん便利に快適になるにつれて、我々の身体は逆に退化しているように思われます。私の前の世代、その前の世代を見ても一目瞭然に違うと感じるほどです。

今後さらに、人工知能が発達し、人の仕事に取って代わるようになるなら、我々はもうほとんど動かなくてもいいような、大袈裟にいうと脳だけで生きるような方向に向かっているようにも思えます。

人間は身体と心からなっており、身体を拓《ひら》くことなしに、ここ三次元の世界にいる意味など果たしてあるのでしょうか。かつて権力が分断し統治したように、身体をも分断され隠されてきた歴史があるかも知れないことは述べました。その身体と心をよく知るために、まず切り分け、そして磨き、また新たに結ぶ、その作業こそが剣の術といえるかも知れません。

善悪を超えた創造と破壊を繰り返しながら進化を続けるのが大宇宙であり、小宇宙として同様に繰り返すのが人の姿なのかも知れません。人の生には祝福と喜び、そして同時に悲劇と悲しみが繰り返されることは自然であり、そこに是非を挟む余地はありません。ただ、「ヒ（カ）・火・霊」である左の手と「ミ・水・身」である右の手を合わせるとカ・ミと呼ばれる流れ、その領域に繋がることが可能となり、さらにヒ・ミツの「劔《つるぎ》」（これは全ての創造と破壊の道具とそれを使う意志と言っても構いません）を取り、道を切り拓き、前に進む、そして何かを生んでいく。それを只々続ける存在が人ではないでしょうか。

この先人たちが求めた、ひたすらに宇宙をうつす純粋な美とも呼べる「結びの術」にご興味を持っていただけたのなら幸いです。この流れの中である一つの役割を果たすことができたのなら、先達と後進とも結びが成ったということですから。剣の術が皆さんの道を拓くためのインスピレーションの元となることを願ってやみません。

あとがき

まわり道の多い少々長い旅路になったかも知れません。最後までお付き合いいただき誠にありがとうございました。まず何より、本書をお手に取っていただいた皆様に心より御礼申しあげます。「剣」という文化の秘密、主に影の領域を語って参りましたので、見慣れぬ風景に戸惑われた方もいらしたかと思います。これまでほとんど触れられたことのない世界にも立ち入ってみましたので、なおさらのこと。

「術」が秘密とされてきたことには理由があることを本文にも書きましたが、私も今回、これを記すに随分と躊躇《ためら》いもありました。古来大切に扱われてきた「術」を衒うことになりはしないか、と。

しかしながら、今この時代というものは、何か宇宙的な必然なのか、これまで隠されてきたことが溢れるように姿を現す時のようにも見受けられ、本書もそのような流れの上に世に出るものなのかも知れません。

ここにある「術」の断片が誰かの心に触れ、その生を豊かにする、そしてそれが伝播することもあろうと信じることにしました。

映像などのデジタルのメディアが発達する現代、その利点を否定するものではありませんが、書物という紙の媒体でこの術を語れることを何より嬉しく感じています。紙は、和紙の製法を見ても、やはり火・カと水・ミの働きを得て人が錬る「カミ」なのですから。

新約聖書のヨハネの福音の、「初めに言葉があった。言葉は神であった」を引くまでもなく、神である言葉を具現する紙は無論に「カミ」なのでしょう。すなわち読書という行為は、そのままにカミとの対話であると言っていいでしょう。

著者や出版社はそのためのメディア・媒体となるものかも知れません。また、本文に述べたとおり、これは私という一修行者がその小宇宙を拓こうとする道の過程でうつしてみたもので、いわば個人的なものです。一人一人の宇宙が異なるのですから、私のうつす秘術の世界が万人に受け入れられるものではないことは承知しておりますし、まだまだ道半ばでのものですから、ご批判も多々あることは当然と心得ます。皆様のご意見全てをありがたく受け入れるのみです。

武道書としては、現在ではおそらく異端とも言え、アヴァンギャルドとも言えるであろう本書の出版を英断された、春秋社の小林公二社長並びに社員の皆様に厚く御礼申しあげます。なかでも、最初から拙稿に目をとめられ、荒々しい原石を世に出せる作品に仕上げていただいた編集の高梨公明氏の手だれの手腕には目を見張っておりました。まさに「錬金の術」を間近に見るが如くでした。内容をうつした美しい装丁で飾っていただいたデザイナーの本田進氏も然り、ただただ感謝に堪えません。

この日本剣術の新たな側面に光を当てようという書物が春秋社から世に出ることに、個人的に浅からぬ因縁を感じています。社の発起人に名を連ねる直木三十五、直木賞に名を冠する文豪が引き起こした有名な武蔵論争こそが、それまで一般的には講談の世界の剣豪譚にすぎなかった「剣」を思想哲学の範疇に入るものと広く認識させたと言えると思っています。武蔵を真の名人、剣聖と讃える菊池寛に対して、直木は上泉伊勢守と比較しながら批判したと言います。その論争は他の作家をも巻き込み、吉川英治は直木の批判への回答として国民的小説となる『宮本武蔵』を書き上げたとのこと。この立ち合いがなければ、「剣」への日本のみならず世界の見方は異なるものであったかも知れません。

そして、武蔵を批判したという直木も、その実、武蔵を高く評価しているのです。

「彼らの修養と、その人物の高潔さは、戦国当時の誰よりも上にくらいするものであって、上泉信綱のごとき、その学問よりみても、明智光秀に優っているといっていい。（中略）沢庵と柳生宗矩、宮本武蔵の晩年、数えて限りなく、一人物であることを物語っているが、その種芽は、この剣法発生当時の人々の内に含まれていたのであった」（直木三十五『剣法の起源』）。

直木は、「剣」を思想哲学の俎上に上げるために、あえて武蔵を一度貶してみたのではないかと思えてきます。武蔵と伊勢守を仮に光と影とし、陰陽の宇宙としての剣の世界を創造するために。

このたび筆を取るにあたって、全く不遜にもですが、仮に直木の目にとまることがあったとしても恥ずかしくないものに、出来るなら驚きながらニヤッと笑ってもらえるようなものにしたいとの思いを持って進めたものです。

文豪にゆかりの春秋社とのご縁、かたじけない限りです。

そして、過分なお言葉で帯に花を添えていただいた思想家で武道家の内田樹先生にはお礼の言葉も見つかりません。文武二道を高いレヴェルで実践され、合気の心を現代思想に、ある時は鋭く、時に軽やかに表現されるその御著作には以前より深く感銘を受け、教えを受けてきたものです。このたびの望外のお言葉には、恐縮至極の思いでいます。

また、ここにある極意は私個人が心にうつしたものと書いてきましたが、そこに至るための道に入ることは当然一人では叶いませんでした。指導してくださった先生、先輩方、同行し刺激を与えてくれる武友たち、さらにはいつも稽古に付き合ってくれている生徒たちにこの場を借りて改めて謝意を述べたいと思います。さらに、お会いしたことはなくとも、書籍や映像を通してその技の研究を伝えてくださった先生方からも多くの学び、インスピレーションをいただいて来ました。全ての先人に敬意と感謝を捧げます。

皆様との出会いがなければこのような道に入り、ここに至ることはあり得ませんでした。なかでも、私に合気という目に見えない秘儀参入の技をかけることで眼を開かせてくれた方、それは師事した先生ではなく、その師範代の方でした。

目に見えない、言葉にもできない技に戸惑い、道に迷い、絶望しかけた私をいつも励まして導いてくださったのもこの方でした。名利を求めることは修行の本意ではないと、無名を選び自分の稽古をただ淡々と続けられる方なので名前は出せませんが、やはりこの場を借りて心からの謝意を表したいと思います。

「知るものは言わず。言うものは知らず」

この有名な「老子」の一節にあるように、真に深い境地にある方は、表に出ずに隠れて静かに修行を続けながら生活されているものなのかも知れません。

とは言え、まだまだ未熟な私がこのような書を世に出すこともやはり大きな流れの中の一つの役割でもあるのでしょう。誰しも、出来るだけのことをしていくしかありません。人は生まれる時や場所は選べませんが、このような時代に日本に生を受け、求道に身を投じてここまで来ました。このような道を先人が残してくれた国に生を受けたことは誠に幸せなことです。

そして、どのような因果か、母国にて上手く道を拓くことが叶わなかった私を受け入れてくれたフランスという国にも感謝しかありません。言ってみれば日本とは対極にありながら不思議と通じるものがあるこの国の、豊穣な言語と文化を持ち、ラテン気質の良い意味で良い加減な人達との出会いがなければ今の私の世界観とアートは存在せず、この本も生まれることは無かったでしょう。

「自由、平等、友愛」これは有るようで無く、単なる建前のようで、実は存在もします。

最後に一言を加えます。「煩悩即菩提」という大乗仏教の言葉があり、能の作品中にも繰り返し現れます。悩み、苦しみを生む煩悩はそのままに悟りであるというこの言葉、私にとっても以前は頭で理屈は分かっても腑に落ちるというものではありませんでした。そうは言っても日々煩悩に振り回されるばかりで情けない限りではないか、と。

剣之術を求める道中で、「殺人刀あっての活人剣、それらは表裏であって同時にしか存在し得ない」と知りました。それを使う人にも、誕生があるからこそ死があり、死という終わりがあるからこそ生がある。そして真実には、生じも滅しもしない…。

そうなると、日々煩悩に振り回されながら見つめるそこから完全に脱した境地、というのは既にそこにあることと実は同じである、となりはしませんか。泥の中を這いずり回りながら、上を見続けることの尊さを。あらゆる喜びや楽しみを与えてくれ、同時に辛い悲しみや怒り、苦しみも与えてくれる心と身体の尊さを。修行や仕事、日々の生活において、煩悩に苦悩するその瞬間こそがそのまま表裏に悟りと喜びであると。

全てがその道に実りをもたらす種となり、終にはその魂への火と水の御祓《みそぎ》となるなら。常に人を導いてくれる劔という見えない器を手に、ただ歩き続けるのみ。

春が来ます。そしてすぐに暑い夏になり、気がつけば豊かな秋がおとづれ、間もなく冬が。そして…。

令和六年三月　彼岸の日に　パリにて

松浦眞人

■参考文献（初出順）

『古事記』次田真幸訳注、講談社学術文庫、一九八四年

笹森順造『闘戦経　釈義』「一刀流極意」刊行会、一九七三年

リンディー・エイブラハム『錬金術のイメージ・シンボル事典』大木富訳、アルファベータブックス、二〇一七年

山口志道『言霊秘書』（『山口志道霊学全集』）八幡書店、一九九二年

曽川和翁『大東流秘伝大鑑』八幡書店、一九九九年

植芝盛平『武産合氣』白光出版、一九八六年

『聖書』新共同訳、日本聖書教会、一九八七年

Jean Chevalier, Alain Cheerbrant, *Dictionaire Des Symbols*, Bouquins, 1965

『無門関』西村恵信訳、岩波文庫、一九八五年

ガイ・オグルヴィ『錬金術』藤岡啓介訳、創元社、二〇〇九年

中山市朗『聖徳太子の「未来記」とイルミナティ』学研、二〇一七年

ラビ・マーヴィン・トケイヤー『聖書に隠された日本・ユダヤ封印の古代史』久保有政訳、徳間書店、一九九九年

池上六朗『三軸修正法』ＢＡＢジャパン、二〇〇三年
桜井進『雪月花の数学』祥伝社、二〇一〇年
柳生厳長『正伝・新陰流』島津書房、一九八九年
観世榮夫『華より幽へ』白水社、二〇〇七年
白川静『字統』平凡社、一九九四年
「宮本武蔵守義経と兵道鏡」（『日本剣道史』第九号）日本剣道史編纂所、一九七二年
吉丸慶雪『合気道の奥義』ベースボール・マガジン社、二〇〇一年
塩田剛三『合気道修行』竹内書店新社、一九九一年
柳生宗矩『兵法家伝書』渡部一郎校注、岩波文庫、一九八五年
宮本武蔵『五輪書』渡部一郎校注、岩波文庫、一九八五年
沢庵『不動智神妙録』池田諭訳、徳間書店、一九七〇年
『武術双書・柳生流新秘抄』名著刊行会、一九九二年
今村嘉雄『日本武道体系』同朋舎、一九八二年
『世阿弥・禅竹』（日本思想体系24）加藤周一校注、岩波書店、一九七四年
直木三十五『日本剣豪列伝』河出文庫、一九八六年
赤羽根龍夫『柳生新陰流を学ぶ』スキージャーナル、二〇〇七年
石井希尚『超訳聖書 生きる知恵』ディスカヴァー・トゥエンティワン、二〇一六年
内田樹『修業論』光文社新書、二〇一三年

大森曹玄『剣と禅』春秋社、一九八三年
甲野善紀・前田英樹『剣の思想』青土社、二〇〇一年
宮田和宏『宮本武蔵実戦・二天一流兵法』文芸社、二〇〇二年
高岡英夫『究極の身体』講談社、二〇〇二年
前田まゆみ『えほん般若心経』春秋社、二〇二三年

プロフィール

松浦 眞人（まつうら まさと）

1965年、兵庫県宝塚市生まれ。早稲田大学文学部中退後、八世観世銕之丞の内弟子として能楽を修行。さらに、演者としての身体に筋金を入れるべく剣術を始め様々な武道を修める。中でも、大東流合気柔術を吉丸慶雪に師事、身体制御の理論を学び武と舞に共通する原理に開眼する。現代演劇、俳優指導などの活動を経て、2006年フランス、パリに拠点を移し、武道と舞台表現の融合を求め Ecole Sayu を創立、独自のメソッドを創り指導しながら身体表現活動を続ける。パリ日本文化会館およびフランス各地の大学、コンセルヴァトワールで指導を多数行う他、ヨーロッパ、北米、アフリカ、アラブ諸国でも舞台公演、講演や講習を重ねる。
著書に『しなやかに生きる智慧と希望の言葉』（創元社、2021年）。

http://deuxspirales.fr

剣之術《つるぎのじゅつ》

火と水の結び

2024年 5 月20日　第 1 刷発行

著　　者：松浦眞人

発 行 者：小林公二

発 行 所：株式会社 春秋社

東京都千代田区外神田2-18-6

電話　営業部　03-3255-9611

　　　編集部　03-3255-9614

〒101-0021　振替　00180-6-24861

https://www.shunjusha.co.jp/

印 刷 所：株式会社 太平印刷社

製 本 所：ナショナル製本協同組合

装　　丁：本田　進

定価はカバーに表示

ISBN 978-4-393-31311-4 C0011